実践 証券化入門

江川由紀雄 著

はじめに

　資産の証券化はその発祥地である米国で1970年代後半にその萌芽を見，1980年代半ばから本格化した．日本でも米国でようやく証券化が本格化し始めた時期である1986年頃から既に証券化を研究し，日本にも証券化を導入しようとする動きが現れた．日本で初の現代的な意味合いにおける証券化が実現したのは1994年であった．その後，特に1990年代後半に証券化の動きが活発化し，証券化市場の規模が大きく伸びた．

　証券化は先端的な金融技術のように一時期論じられたこともあったが，実験段階はとうに過ぎ，実際の応用が進み，広く普及し始めているというのが金融技術としての証券化の現状だろう．しかし，証券化商品は仕組みが一見して複雑に思えることもあり，信用力の評価が困難であるために，事業債など他の種類のクレジット商品[1]に比べ依然として投資家層が限定的な範囲にとどまっている傾向がある．ただ，投資家層が依然として限定的だと言っても，近年では発行市場の規模は年間で4兆円[2]を上回るペースで推移してきており，日本の資本市場においても証券化商品は金額的には既に大きな存在に育ってきている．つまり，投資家の数が社債に比べれば明らかに少ない状態のままで，発行額だけは社債に迫る勢いになってきているのが日本の証券化市場の現状である．

　本書では，私の経験を基に，タテマエ論ではなく現実を踏まえて証券化を論じ，証券化商品の本質を追求してみたいと思っている．私はこれまで証券化に様々な立場で深く携わってきた．オリジネーターの担当者として，アレンジャ

1　ここでは，投資家が信用リスクを負担することで期待リターンをあげようとする投資商品を意味する．典型的には事業会社や金融機関を含め様々な会社やその他の法人，団体が発行する社債等の債券（発行体の業種や債券の種類により，事業債，電力債，銀行社債，金融債，財投機関債，地方債などと区分して呼ぶこともある），ローン，クレジットリンク債やクレジットデフォルトスワップなど発行体（あるいは直接の取引相手）以外の信用リスクを負担するクレジットデリバティブ（金融派生商品のひとつで，原資産の移転をともなわずに信用リスクだけを取引するもの）を利用した商品などがある．

ーとして，証券化商品の格付けを行う格付けアナリストとして，そして，証券化商品および証券化市場を担当分野とするリサーチアナリストとして，証券化商品を作り，販売し，分析し，証券化市場のインフラ作りにも参画してきた．もとより私は浅学非才の身であり，学術的・理論的な議論は他の論者にお任せすることにし，実務家としての私の経験を踏まえ，ホンネで証券化を語ってみたい．

　証券化を極めるには，法務，税務，会計，数学（なかでも確率・統計）といった幅広い分野の知識とビジネスセンスが必要になってくる．証券化のプロセスにはどうしても法的な枠組みを利用したリスクの加工が不可欠なため，できるだけ法律用語や法律の条文参照は控えめにしたつもりだが，ある程度は法律について言及せざるを得なかった．わかりにくい部分があれば，遠慮なくどんどん読み飛ばしていただいて結構．証券化のベテランでも，ひとりで法律問題もコンピュータによるモデリングも税務会計問題も完璧に理解できる人など存在しないので，よくわからない部分があってもあまり気にすることはない．本書が初めて証券化に接する読者の方から証券化の実務経験を積まれている読者の方まで，証券化に関する理解を少しでも深めることに寄与できれば，私としては無上の喜びである．

2004年1月

江川　由紀雄

自宅にて

1歳9ヶ月になる娘，優花に励まされながら

2　ドイツ証券の調べでは，2003年度（2002年4月〜2003年3月）における日本の証券化商品の発行額は5兆3,761億円であった．

目　　次

はじめに　1

第1章　証券化とはどういう意味か ……………………………… 7

第1節　証券化ということば　8

第2節　証券化の意義　15
オリジネーターにとっての証券化　19
投資家にとっての証券化　24
証券化がもたらすエージェンシーコストの低減　29

第3節　証券化の仕組み　34
証券化の基本要素　34
証券化の参加者　34
証券化のメカニズム　39
真正売買　39
信用補完措置　41
トリガー　45

第4節　証券化における信用リスク加工　47
分散効果　48
優先劣後構造　49

第2章　証券化商品のリスク分析と評価　…………………………53

第1節　内在するリスクの発見と評価　54
デフォルトの発生事例がないことの意味　55

第2節　証券化取引に内在するリスクの種類　59
資産にかかるリスクとその評価　61
仕組みにかかるリスクとその評価　63

第3章　格付け会社の役割と格付けのプロセス　…………………69

第1節　証券化における格付け会社の役割　70
第2節　格付けのプロセス　78
第3節　格付けの考え方の変遷　79
第4節　格付けの利用方法　80

第4章　証券化対象資産の特徴　………………………………………95

第1節　金銭債権　96
第2節　市場価値資産　97
第3節　その他の資産またはリスク　98

第5章　証券化技術と環境の発展過程　………………………………99

第1節　法制度の変遷　100
第2節　技術革新　103
第3節　倒産隔離の意味　104

第4節　日本の法制度整備が外国に与える影響　107

第6章　証券化市場の現状と展望 …………………………………113

第1節　証券化の歴史　114
急成長を振り返る　117
金融危機は市場成長の追い風　122
住宅ローンの証券化が本格化　123

第2節　今後の展望　124
事業の証券化　125
政府系金融機関による証券化　125
市場の拡大と流通市場の生成　127

第7章　リサーチアナリストの役割 …………………………………131

第1節　職業（プロフェッション）としてのABSアナリスト　132
第2節　リサーチアナリストの役割と心がけ　132

コラム❶　企業再生に証券化を利用した信販会社ライフ　16
コラム❷　証券化の基本形──信用リスク加工の原型　31
コラム❸　証券化商品に対する複数格付けの意義再考　51
コラム❹　証券化における当事者リスク　57
コラム❺　証券化と会計情報　65
コラム❻　住宅金融公庫債が国債より高い格付けを取得できる理由　74
コラム❼　民間住宅ローン証券化の技術的問題点と解決策　85
コラム❽　改めて問う，リース債権の証券化　102
コラム❾　対抗要件が具備されないクレジットカード債権の証券化　110

コラム❿　預金担保債にトリプルA格が可能な理由　119

コラム⓫　ようやく認知された国内完結型SPC　128

コラム⓬　流行語と証券化の組み合わせ　136

付録1　証券化について理解を深めるには　139

付録2　多数分散型債権プールを評価する指標について　147

付録3　証券化用語集　157

おわりに　171

第1章
証券化とはどういう意味か

第1節　証券化ということば

　証券化ということばは，米国で1977年に初めて用いられたセキュリタイゼーション（securitization）の直訳である．米国で民間金融機関が住宅ローンのプールを裏付けとした証券を発行したとき，そのような取引を表すことばとして造られた単語だと言われている[3]．分解してみれば，securities（証券）にする，という意味だろう．ただ，米国における securities（証券，有価証券）とは，日本の証取法上の有価証券[4]よりは明らかに広い範囲に及んでいることは認識しておくべきだろう．

　ひとによっては，証券化とは，住宅ローンのようにそれ自体では流動性のない（つまり，簡単に売買できない）資産を，何らかの仕組みを用いて，流動性のある（つまり，容易に売買できる）「証券」に仕立て上げる行為だと説明することもある．同じ意味合いで「流動化」ということばが用いられることもある[5]．証券化が米国生まれの英語，securitization の直訳であるのに対し，流動化とは日本と韓国だけで使われていることばで，流動化も米国式英語で表現するなら securitization としか言いようがない．流動性を英語で liquidity と言うからといって，流動化を liquidation とでも訳そうものなら，英語がネイ

---

[3] セキュリタイゼーション（証券化）の起源として，1977年にウォール・ストリート・ジャーナルの " Heard on the Street " コラムに，ウォールストリートの造語でありそのような単語は存在しないという注意書き付きで初めて登場したという説がある．Ranieri, Lewis S., " The Origins of Securitization, Sources of Its Growth, and Its Future Potential " A Primer of Securitization, MIT Press, 1996, pp. 31-32 同書の日本語訳，前田和彦，小池圭吾訳『証券化の基礎と応用』東洋経済新報社2000年，37ページ．
[4] 日本の証券取引法2条1項および2項に限定列挙されているものだけが証取法上の有価証券となる．
[5] 論者によっては，投資家に販売される商品が証取法上の有価証券の形態をとるものを「証券化」，そうでないものを「流動化」と使い分ける向きもある．ただ，私は，その歴史的発展過程や業界関係者による用語の使われ方を鑑みて，有価証券に該当するものが一切登場しない取引を含め，流動性に乏しい資産やリスクを，何らかの仕組みを用いて，資本市場において投資家が購入しやすい投資商品としてパッケージ化する過程をひろく「証券化」と捉えたい．もし「証券化」を日本の証券取引法上の有価証券の発行・販売を伴うものに限定すると，逆説的だが，日本の証券化は「証券化」に該当しないようにする注意が払われてきた（たとえば，特定債権法上の小口債権）という側面もある．

ティブの人にはとんでもない誤解を与えてしまうだろう．なぜなら，それは会社が倒産したあとに残余財産をすべて売却処分して現金化するような「清算」という意味合いが出てくるからだ．私は流動化と証券化を特に区別して用いていない．そもそも日本における証券化の発展過程において，証取法の規制の及ばない証券化商品を作るため[6]に，あえて証券化ではなく流動化という用語が好んで用いられたからだ．

図表1－1　資産を資本市場につなぐ仕掛け

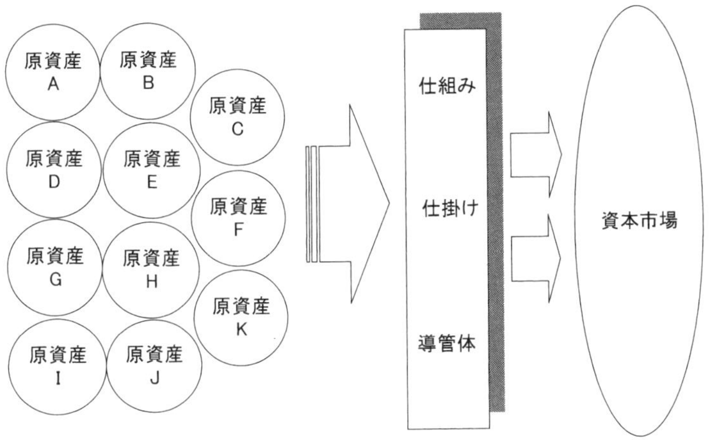

「そのままの形では取得する買受人を見いだしにくい資産が生み出すキャッシュフローや，資産を集合化することによって生み出されるキャッシュフローを，資本市場の参加者である投資家の需要に応じて組み直し，投資するにふさわしい投資商品を作り出すテクニック」
西村総合法律事務所編『ファイナンス法大全－下巻』p.6

　米国や英語圏では securitization（米国）あるいは securitisation（米国以外の英語圏）はほぼ決まった意味合いに用いられている．それは，将来におい

---

[6] たとえば，1992年6月に成立し，1993年6月に施行された特定債権法に基づく小口債権（信託方式，譲渡方式，組合方式）は，現代的なコンテクストでは証券化商品に他ならないが，当時の市場関係者は「証券」という用語を使うことに慎重であった（当時の大蔵省証券局を刺激しないという意味合いもあったのであろう）ため，決して証券化とは言わず，流動化と呼んでいた．

てキャッシュフローをうみだす資産（最近では資産に限らない場合もあるが）を用いて，倒産隔離や信用補完措置などの独特の仕組みを加え，信用リスク（クレジットリスクともいう）などのリスクを加工したうえで，社債などの有価証券に代表されるような流動性のある投資商品に仕上げる過程のことである．従来，米国においては，structured finance（ストラクチャードファイナンス，仕組み金融）ということばが securitization（証券化）と同義に使われることが多くみられた．証券化には何らかの構造・仕組みが必要なので，証券化がストラクチャードファイナンスの一種であることは間違いない．最近では，ストラクチャードファイナンスは証券化の上位概念ととらえることが一般的な用法になっているようだ．

　流動性のない資産に仕組みを加えてパッケージ化し，流動性のある「証券」などの投資商品にすることが「証券化」のひとつの大きな特徴である．もうひとつの特徴は，その過程において，様々な当事者間の契約関係，資産の分散効果や償還方法の工夫などを通して，金利リスクや信用リスクを一旦集積し，加工したうえで，分割して投資家などに移転することである．つまり，証券化というプロセスで，信用リスクなどのリスクが加工されるということである．しばしば忘れられがちだが，リスク（中でも信用リスク）が加工されるということが証券化の最も重要な特徴かも知れない[7]．証券化，なかでも資産証券化は，資産を何らかの仕組みを用いて投資家へ販売できる債券や信託受益権などの金融商品に加工する一連の過程のことであり，法的なリスク及び経済的なリスクをうまくコントロールして，投資家の望むリスク・リターン・プロファイルを持つ投資商品に仕立て上げる技術と位置付けることもできよう．

　具体的には，一例として，住宅ローンや自動車ローンなどの一件あたり百万円から数千万円程度の債権（資産）を多数集めて数百億円規模にして，それを信託設定し，あるいは特別目的会社（SPC という）に売却して，これらの資

---

[7] 他の論者による「証券化」の説明の一例として，「証券化とは，一定のキャッシュフローを生み出す資産を資本市場につなぐ仕掛けである」（西村総合法律事務所編『ファイナンス法大全（下巻）』商事法務，2003年，p. 6）．なお，2004年1月1日付で西村総合法律事務所はときわ総合法律事務所と合併し，西村ときわ法律事務所となった．

産がうみだすキャッシュフローを利払いや償還に用いる信託受益権や社債（これを証券化商品という）を作って投資家に販売する．しかし，住宅ローンにせよ，自動車ローンにせよ，将来，利息や元本を支払うのは多数の個人なので，中には失業して，あるいは，重病になって支払えなくなる人もでてくる．また，自己破産して免責を受け法的に支払う必要がなくなる人もでてくる．つまり，住宅ローンや自動車ローンは，必ず一定割合は回収できなくなってしまう．証券化の仕組みでは，ある一定割合が回収できなくても，証券化商品の投資家に滞りなく利払いをして，満額元本を返済できるように，さまざまな工夫が凝らされる．これを信用補完措置という．

図表1－2　証券化の基本要素

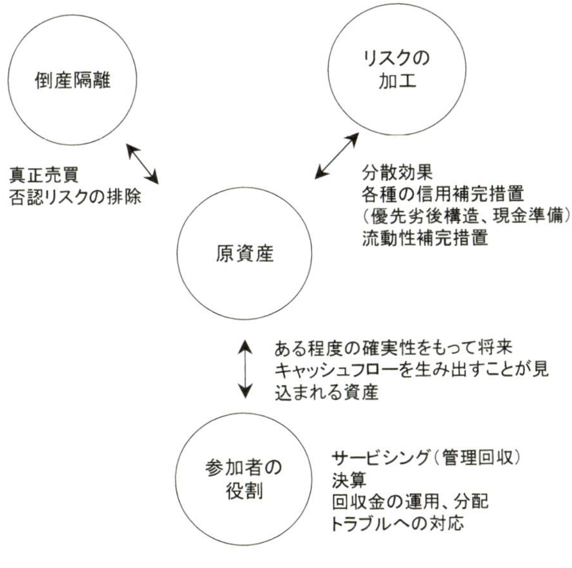

倒産隔離
　真正売買
　否認リスクの排除

リスクの加工
　分散効果
　各種の信用補完措置
　（優先劣後構造、現金準備）
　流動性補完措置

原資産
　ある程度の確実性をもって将来キャッシュフローを生み出すことが見込まれる資産

参加者の役割
　サービシング（管理回収）
　決算
　回収金の運用、分配
　トラブルへの対応

　証券化という仕組みを通じて信用リスクというリスクを集積し，加工し，分解したうえで，複数の当事者に移転することができる．これは証券化の優れた特徴である．信用リスクを加工しない証券化（そのような証券化取引も例外的だが実際にある）を本当に証券化と呼んでも良いのか疑問に思えるくらいに，信用リスクの加工は証券化につきものと考えて良いのではなかろうか．

よく証券化商品のことを「資産担保証券」と呼ぶことがある．これは，英語の asset-backed securities（文字通りの意味は「資産を裏付けにした証券」）の直訳だと推測されるが，実は必ずしも裏付けとなっている資産に担保設定されているわけではない．裏付けとなっている資産を保有していた会社が資産を担保に借入れを行うのではなく，資産を売却することで資金調達するのが典型的な資産の証券化なので，「担保」ということばを使うのは誤解を招くおそれがあると考える．どうしても asset-backed securities（略して ABS）の訳語が欲しいなら，文字通り「資産を裏付けにした証券」あるいは資産流動化法の規定にあるような「資産対応証券」[8]とした方がより正しいような気がする．また，「資産流動化証券」という表現も妥当であろう．「資産流動化証券」は実際に「特定有価証券の内容等の開示に関する内閣府令」で用いられている用語であり，韓国では ABS などの資産証券化商品全般を法律用語としても一般用語としても「資産流動化証券」（実際は漢字ではなくハングルで書く場合が多いが）という表現が定着[9]している．しかし，日本ではすでに，「証券化商品」という用語が定着しているので，本書でもできるだけ「証券化商品」という用語に統一して使用したい．

　資産のキャッシュフロー生成能力や処分価値を裏付けに元利払いを行う証券化商品（資産証券化商品）をヨーロッパおよび日本では総称して ABS（asset-backed securities）という．これは広義の ABS である．

　米国ではやや違った意味合いで ABS という用語が用いられている．証券化の発祥の地である米国では，住宅ローンを裏付けとした ABS を MBS（mort-

---

8　資産の流動化に関する法律の第2条で定義される「資産対応証券」は，同法に基づく優先出資，特定社債および特定約束手形のみを意味し，その範囲は狭い．
9　余談になるが，韓国語の文章はほとんどがハングルのみで表記されることから，日本語との類似性に気付かないだろうが，もし韓国語が漢字ハングル交じりで表記されていたら，韓国語を知らない日本人にもなんとなく意味がわかってしまうのではないかと思えるほどに似ている．中国語と日本語との間には漢字熟語に相当な差異があるが，日本語と韓国語の間では，漢字熟語の大多数が共通である．驚くべきは特に19世紀以降現代に至るまでの造語，たとえば，自動車，飛行機，冷蔵庫なども含め日本語と韓国語の間には共通の語彙が多いことだ．しかし，資産証券化に関しては，やや異なる用語も目立つ．たとえば日本語で「信用補完」は韓国語では「信用補強」，「格付け」は「信用評価」，「格付け記号」は「信用等級」，「社債」は「会社債」といった具合となる．日本語よりも素直でわかりやすいように思える．

gage-backed securities）または RMBS（residential mortgage-backed securities）と呼び，それほど均質ではない貸付債権を裏付けとした ABS を CLO（collateralized loan obligations），社債を裏付けとした ABS を CBO（collateralized bond obligations）と呼び，CLO，CBO，クレジットデリバティブを用いたクレジットリスクの証券化を総称して CDO（collateralized debt obligations），不動産担保ローンまたは不動産の証券化商品を CMBS（commercial mortgage-backed securities）と呼んでいる．米国で ABS というと，MBS，CDO，CMBS など固有の名称で呼ばれる証券化商品を除いた狭義の意味であり，典型的にはクレジットカード債権やオートローン債権など小口多数の金銭債権の証券化商品を指すのが一般的な用法である．米国で用いられているような意味合いでの ABS は狭義の ABS である．

図表 1－3 異なる意味合いの ABS

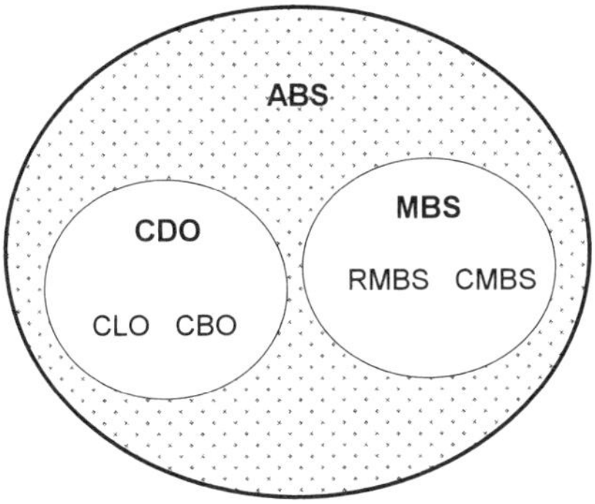

日本やヨーロッパでは，資産証券化商品全般をABSという（上図の外側の円全体，広義のABS）のが一般的だが，米国ではMBSやCDOなど固有の名称で呼ばれる証券化商品を除いたものをABSという（上図の網掛け部分，狭義のABS）のが一般的な用法だ．米国での用法に影響されて，日本でもABSが狭義に用いられることもある．

一般的にマネーマーケット商品と考えられているコマーシャルペーパー型の証券化商品である ABCP（asset-backed commercial paper）は ABS には含めないという用法が一般的だが，そうでない場合もある．

証券化関連の用語は日常使わない用語も多いうえに，同じことばを異なる人

が用いれば，異なる意味に使われる場合もあるので，正確に理解するのはなかなか大変だ．同じことばが場面に応じてやや異なった意味合いに用いられるケースが多いのが特徴だ．また，金融用語辞典の類に掲載されているものも多いが，私が見る限り正確で網羅的なものはまだ見当たらない．また，ゴルフの用語が全世界どこでも英語であり，柔道の用語が日本語であるように，証券化に関する用語は証券化の発祥の地である米国の言語が広く使われがちである．多くの英語の専門用語がそのまま，またはカタカナ表記で，あるいは日本語へ直訳されて用いられている．本書には，証券化に関連してしばしば用いられる用語を解説する「用語集」を付録として掲載した（付録3「証券化用語集」参照）．

　日本と米国は大きく異なる法制度を有しているにもかかわらず，日本で根付いた資産証券化は証券化発祥の地である米国で発達したものによく似ている．ただ，日本の証券化商品について分析検討を行う場合，日米間には法律やビジネス慣行に明らかな違いがあり，米国での議論をそのまま輸入できないことは認識しておきたい．

　米国で使われているセキュリタイゼーションは，決して担保付き金融のことではない．なぜならば，いくら担保権を持っていたとしても，発行体あるいは債務者に米国の連邦破産法が適用されてしまえば，担保権は行使できなくなる可能性があるからだ．これは会社更生法がある日本でもまったく同様だと言える．したがって，資金調達をしようとする企業にとって，担保付き借入れにならないように，資産の信託なり譲渡という取引を通じて，資産がきちんと売却され，企業から切り離されることを重視する．これを「真正売買」という．また，企業が倒産しても，仕組み自体に悪影響が及ばない仕掛けを「倒産隔離」という．証券化にとって絶対に必要な要素ではないが，証券化商品を企業の信用力を大幅に上回るものにしたい場合には必須になる．

　証券化商品は，その大多数が格付け会社から格付けを取得して発行されているが，この現象もできるだけ信用力の高い債券型の投資商品を作り出すため（そして，その高い信用力を格付けによってアピールするため）に証券化とい

う金融技術が多く用いられていることを示している．

ところで，「証券化」ということばは，流行語とまでは言えないだろうが，目を引くことばであるためか，敢えて伝統的な意味合いとは異なった使い方をしている人もいる．最近では，株式会社たる投資法人が株式を上場すること（いわゆる J-REIT，日本型不動産投資信託）を証券化と呼ぶこともあり，あるいは匿名組合契約等を用いて何らかの事業や知的財産権の将来の収益を享受できる取引を証券化と呼んでいるケースも目に付く．これらは伝統的な意味合いでは証券化とは言えず，J-REIT への投資は株式投資の一種だろうし，匿名組合契約の締結などで投資を行うことはオルタナティブ（代替）投資などと呼ばれるのが一般的だろう．もし，J-REIT を証券化と呼ぶなら，事業会社が株式や社債を発行することも証券化と呼ぶのだろうか．そういう意味合いでの証券化ということばの使い方は私にはやや行き過ぎのように思える．

第2節　証券化の意義

それでは，なぜ証券化という取引が行われるのだろうか．もしそれに合理的な理由や意義がなければ，大規模に行われることはないだろう．しかし，米国や英国などの証券化先進国では言うに及ばず，1990年代後半から証券化が本格化した日本においても，その存在感は既に大きなものになっている[10]．証券化取引の参加者にとって，意義があるからこそここまで大きく成長してきたとも言えるのではないだろうか．

10　日本銀行の推計による債権流動化残高は近時では25兆円前後で推移している（日本銀行の資金循環統計による債権流動化関連商品）．これとは別の統計で，ドイツ証券会社東京支店，証券化商品調査部の調べでは，平成14年度（2002年4月から2003年3月まで）の証券化商品の発行額は5兆3,761億円（うち，短期格付けを取得したものを除外すれば4兆6,863億円）だった．

コラム① 企業再生に証券化を利用した信販会社ライフ

　現在は大手消費者金融会社アイフルの子会社として順調な業績を見せているライフだが，アイフルに買収されたのはライフが倒産した後の2001年3月だった．長銀系の信販会社，ライフがメインバンクの特別公的管理という逆境下で資金繰り破綻を起こさなかったのも，会社更生手続き開始の申し立てを行ってわずか10ヶ月という短期間で再建に成功したのも，その背景には資産証券化の活用があったからである．

長銀系の大手信販会社，ライフ

　株式会社ライフは，東証一部上場の大手独立系信販会社であった．ライフは日本長期信用銀行（長銀，現在の新生銀行）と密接な関係を保っており，ライフにとってのメインバンクが長銀であったのみならず，ライフの社長をはじめ多くの役職員が長銀からの出向者または長銀出身者であった．その長銀は経営破綻し，1998年10月に実質国有化（特別公的管理）された．その後の一連の動きのひとつのきっかけは長銀の破綻であった．

　信販業は基本的には個人消費者向けの小口の与信事業であるが，いくつかの最大手信販会社と同様に，バブル期には事業者向けの大口融資，不動産担保融資，不動産投資に傾斜し，バブル崩壊後にこれらの事業から生じた資産が不良資産化した．リース事業と有価証券担保融資事業も不採算事業となっていた．このような事情は，他のいくつかの大手独立系の信販会社と大きく異なるものではなかった．

逆風下にオートローンの証券化で資金調達

　ライフがはじめて資産証券化を行ったのは1999年2月のことである．長銀が前の年の10月に国有化され，1997年の北海道拓殖銀行や山一證券の破綻の余波もさめやらず，誰もが「金融危機」に瀕していると感じていた時期だった．大手銀行は資産圧縮を積極化しており，貸し渋り・貸し剥がしは日常茶飯に行われていた．海外では邦銀がインターバンク市場で資金調達する際に，上乗せ金利を要求される「ジャパン・プレミアム」が発生していた．メインバンクの長銀が破綻（国有化）し，ライフは資金調達の多様化を図るべく資産の証券化を検討した．既に大手信販では日本信販，オリコ，アプラスなどがオートローン，ショッピングクレジット債権の証券化実績を積み上げている時期でもあったが，

初めて証券化を行う信販会社にとっては，証券化対象資産の抽出・譲渡，管理回収に対応するために，システム開発を含め多大な準備作業が必要になる．ライフは社内にプロジェクトチームを組成し，比較的短期間でシステム対応を含む証券化実施に向けた準備態勢を整備した．問題はタイミングであった．

日本の金融システムに対する不信感がひろがる欧州で販売

ライフは，証券化のアレンジャーとして長銀とスイスの大手銀行，UBS との合弁企業であった長銀ウォーバーグ証券（後の UBS ウォーバーグ証券）をアレンジャーとして起用し，ジャパン・プレミアムが存在することを利用してドル建てで ABS を発行すること，そして UBS ウォーバーグの販売網を利用して主に海外の投資家をターゲットにする方針を固めた．また，日本の金融システムに対する不信感を払拭できない欧州の投資家に受け入れられるようにするために，米国の金融保証専門の保険会社であるフィナンシャル・セキュリティ・アシュアランス・インク（FSA）の保証を付けることとした．

かくして，ライフがオリジネートしたオートローン債権を裏付けとするドル建ての ABS は，1999年3月に発行された．発行体は Freya Funding Corporation，発行総額は2億1,600万ドル，S&P およびムーディーズからトリプルA格の最上位格付けを取得した．ライフが農中信託を受託者とし，オートローン債権を信託設定，その信託受益権をケイマン法人の特別目的会社（SPC）2社を用いてリパッケージして ABS に仕立てるという仕組みが用いられた．なお，FSA の保証が付されているので，格付けがトリプルAになるのは当然だが，格付け会社のリリースには，保証がなかったとしてもトリプルA格である旨が明記されていた．

売却交渉の難航，会社更生（倒産）

ライフは1999年後半から経営を刷新するために，スポンサー探しや債権者への協力を模索し，身売りに向けた具体的な交渉が進んでいたが，この計画は最終的には頓挫した．また，2000年3月期決算において，会計監査の過程で貸倒引当金の積み増しを求められ，会計上，債務超過状態となる可能性も出てきたことから，2000年5月19日に会社更生手続きの開始申し立てを行い，倒産した．

コミングリングリスクは発生せず

通常，会社更生手続開始の申し立てを行うと，裁判所から債務の弁済をとり

あえず禁止する保全管理命令1が出される．証券化取引におけるサービサーが，既に債務者から回収し未だ引き渡していない預かり金を保有している場合，保全管理命令により引き渡せなくなるというのが一般的な見方だった．しかし，ライフの場合は，集金代行業にかかる回収金の引渡しについては保全管理命令の対象外となったため，コミングリングリスクは発生しなかった．これは後の証券化市場にとって重要な前例となった．

破綻後，短期間での再建

ライフの会社更生手続きは申し立て後わずか10ヶ月の2001年3月に終了した．大手消費者金融会社アイフルの子会社として業績を伸ばしていることは良く知られている．会社更生手続きの終了にあたり，債権者への弁済資金はスポンサーとなるアイフルによる資本注入および貸付金に加え，証券化の仕組みを応用したライフの資産を引き当てとしたノンリコースローンによってまかなわれた．そのノンリコースローンは2001年10月には証券化（ABSの発行）に切り替えられた2．

資産証券化を行うには，対象資産のヒストリカルデータの分析（たとえば，会計情報とは別個に，一定期間の延滞をデフォルトとみなした場合のデフォルト率推移の分析），一定の適格条件を満たした債権の抽出，システム上の別管理，サービサーとして回収状況を報告できる体制などが不可欠である．証券化は一朝一夕に実施できるものではない．証券化のために様々な社内システム開発・整備が必要になる．これは，一般的には，経営トップ，企画部門，財務部門，情報システム部門の深い連携によって，ある程度の時間をかけて実現するものだ．ライフは破綻前の1998年にその体制を固めていたからこそ証券化を応用した短期間での再建が可能だったのだ．短期間で会社更生手続きを終了できた背景に破綻前の資産証券化の経験があったことを指摘しておきたい．

---

1 現行の会社更生法では保全管理命令と呼んでいるが，当時の会社更生法では保全処分の決定と呼ばれていた．ここでは旧会社更生法に基づく場合を含め，保全管理命令と呼ぶこととしたい．
2 詳しくは，栗田雅裕，佐藤正謙「消費者金融会社アイフルによる更生会社である信販会社ライフの買収」『NBL』No.743（2002.8.15.）pp.18-29 参照．

オリジネーターにとっての証券化

証券化は様々な目的で行われる．しかし，日本の資産証券化の発生過程からこれまでの現状を見る限り，オリジネーター（資産を生み出した企業）による資金調達目的で用いられることが圧倒的に多いと言えるだろう．もちろん，最近では，オリジネーターにとって信用リスクや金利リスクなどのヘッジが主目的で行われる証券化取引も増えてきたことは指摘しておきたい．

証券化が普及し始めた1990年代半ばまでは，証券化は様々な偏見をもってみられることが多かった．ひとつの偏見は，証券化は万能薬であり，魔法の杖であるという誤解である．証券化を用いれば，不良債権問題も簡単に解消してしまうという思い込みが（特に1995年頃には）存在した．残念ながら，証券化は不良債権の流動性を高めることには寄与できても，不良債権の時価に与える影響は軽微だろう．また，資産を証券化することで，様々な財務比率の改善が達成でき，格付けの向上や借入れ条件の改善，更には株価の上昇につながるという思い込みも存在した．確かに，会計上は資産を圧縮し，資金を調達することで，自己資本比率は上昇するし，ROA や ROE も改善する．しかし，だからといってそう簡単に格付け会社は格付けを引き上げたりしないものだ．むしろ，現状は，格付け会社は証券化による企業の信用力に与えるポジティブな影響について否定的か，きわめて限定的な評価しか行っていない．証券化は魔法ではなく，証券化によって無から有を生み出すことはできない．しかし，証券化はリスクの加工と効率的な資本配分を実現できる技術である．証券化は錬金術ではないが，すぐれた合金を作り出すことができる金融技術だといえよう．

もうひとつの偏見は，経営不振企業が資金繰りに窮した際に最後の手段として利用する資金調達手法だという思い込みである．財務内容が芳しくない企業でも，将来のキャッシュフローの予想がしやすい資産を有していれば，その資産を証券化することで有利な条件で資金調達を行えることは事実であろう．しかし，実際の証券化事例をみれば明らかなように，経営不振企業ばかりが証券

化を利用しているわけではない．自己資本比率も比較的高く，シングルA格レベルの高格付けを取得しているような収益力にも優れたノンバンクが，金利リスクのヘッジ，資産規模の抑制，有利子負債の抑制，資金調達手段の多様化など様々な目的で積極的に証券化を利用している．欧州に目をやれば，格付けがダブルA格水準の大手銀行が信用リスクを一部外部に移転することで，エコノミックキャピタル（規制上の自己資本比率よりも，より実態に即した所要自己資本）の必要量の調整を行う目的で盛んに証券化を行っている．

　資金調達といった場合，株式を発行することなどで出資者の資金を募るエクイティファイナンスと，社債やCP（コマーシャルペーパー）を発行するか銀行から借入れることで債権者から資金を借入れるデットファイナンスが思い付く．証券化も究極的には債権者から資金を借入れることで資金を調達する手法だが，資金調達をしようとする企業が直接借り手となって借金をするわけではない．企業は保有する特定の資産をSPC（特別目的会社）などに売却することで資金を得る．つまり，オリジネーターにとっては，借金をするのではなく，資産を売却することによる資金調達だととらえることもできる．そして，資産を買受けたSPCなどがABS[11]などと呼ばれる社債や社債類似の投資商品を発行し，資本市場を通じて投資家に買ってもらうことになる．証券化商品は，投資家の観点からは，オリジネーターが破綻しても，高い確率で投資の回収ができる安全性の高い投資商品，そして，オリジネーターの観点からは自社に対して直接の与信ができない，あるいはその限界がある投資家から資本市場を通じて資金調達を行う手段としての側面がある．たとえば，現状の日本の資本市場を前提とすると，財務内容が必ずしも芳しくなく，格付けを取得するとすれば投資適格級未満になってしまうようなノンバンク[12]が社債を発行して資金を調達することは非常に困難なのが現状である．しかし，そのようなノンバンクでも，自ら保有するリース債権やクレジット債権を証券化することで，証券化商

11　ここではABSを広義にとらえ，証券化商品全般を指すものとする．
12　ここでは，ノンバンクとは，金融機関以外で個人や企業に対する与信を行っている業態をいい，貸金業に限定せず，リース業や信販業も含めて考える．実際，日本で1990年代前半から盛んに証券化されたのはリース債権とオートローンなどのクレジット債権だった．

品に最上位格付けであるトリプルＡ格を取得し，投資適格級，それもシングルＡ格以上のクレジット商品にしか投資しないような機関投資家から資金調達することが可能になる．

証券化には，何らかの資産ないしはキャッシュフローをベースに，信用リスクの加工が行われ，オリジネーターの信用力を大きく上回り得る投資商品を作り出す技術という側面もある．証券化商品は，格付け会社から格付けを取得して発行されるものが多いが，発行額の75％以上が最上位のトリプルＡ格，95％以上がシングルＡ格以上という高い格付け水準になっている[13]こともそれを裏付けている．ただ，オリジネーターの信用力を大幅に上回るような信用力を作り出すことが可能な証券化商品は，1993年に施行された特定債権法[14]に基づく一部の案件の出現を待つしかなかった．証券化による信用リスクの加工については別途議論したい（第1章第4節，「証券化における信用リスク加工」参照）．

実際，オリジネーターにとって証券化を行う動機は，資金調達の多様化，資金調達コストの低減，資産圧縮その他財務比率あるいは自己資本比率の改善，リスク移転といった点に集約できよう．

ところで，保有する資産を証券化する場合，オリジネーター（ここではセラーの意味）の格付けにどのような影響があるのかは企業の経営者や財務担当者は大いに気になるところだ．残念ながら，現状では，格付け会社の金融機関やファイナンス会社を格付けする部門では，証券化の積極的な効果をあまり認識していない．銀行やノンバンクが資産を証券化し，もともと保有していた貸付債権などの資産をバランスシートから落としても，格付け会社は資産を証券化

---

13 ドイツ証券会社調べで，2003年（暦年）に発行された日本の証券化商品の発行時格付け分布は，トリプルＡが80.6％，ダブルＡが8.4％，シングルＡが6.6％となっている．この比率はあまり大きくは変化しないものと思われる．
14 特定債権等に係る事業の規制に関する法律は，簡便な方法で譲渡にかかる第三者対抗要件の具備を行えるようにしたのが大きな特徴だが（7条），販売先を機関投資家などの特定投資者に限定すれば，具備留保の仕組みも認められるため（同法68条），実際には裏付け資産の譲渡について対抗要件すら具備していない案件も多い．更には，回収金がオリジネーターに滞留し，重大なコミングリングリスクにさらされているものもみられる．
これらの案件は，到底，オリジネーターの信用力を大きく上回るとは評価できないであろう．もっとも，投資家はそれを承知のうえで購入しており，対抗要件具備留保やコミングリングリスク100％案件などが証券化（債権流動化）商品として欠陥商品だとは言えないだろう．

したのではなく、あたかも資産を担保に供出して借入れを行ったかのように、証券化した資産を資産に足し戻し、証券化商品を負債と考えてオリジネーターの財務分析を行ってしまうのが一般的になっているようだ。格付け会社の金融機関や企業の格付けを担当している部門が証券化にあまり良いイメージを抱いていないのはある面では仕方ないのかも知れない。というのも、1990年代後半に米国のノンバンクの一部が、そして2000年前後にはヨーロッパのテレコム会社の一部が、それぞれ証券化を大規模な会計上の利益操作に用いたと見られているからだ。何れも資産を売却あるいは証券化する際に売却益を計上し、それが後日修正されたか、あるいは経済実態に変化はなかったという問題だったと言えるだろう。しかし、一般的な金銭債権の証券化は相当に異なるように思える。特に日本ではオリジネーターが会計上、一時的に利益を認識するために証券化が行われることは少ない[15]ように思える。銀行等が資産を証券化しても、それをバランスシートに足し戻す理由として格付け会社があげることは、証券化後も最劣後部分をオリジネーターが保有しているので、資産保有にかかるリスク移転になっていないというものだ。たとえば、主要格付け会社の1社であるムーディーズは、オリジネーター企業よりも低い格付けの証券化商品を投資家に販売しない限り、リスクを移転したとはみなさない（つまり、資産を証券化したのではなく、資産を担保として拠出して借入れを行ったとみなす）と述べている[16]。また、S&Pは、証券化前証券化しなかったとした場合にくらべ80％から100％の自己資本が必要であり、証券化商品の格付けが投資適格級である限り、資産のリスクのせいぜい5％くらいしか移転していないと考えている[17]としている。しかし、この理論の背景には個別の証券化取引の場合でも、

---

15 もっとも、事例としては皆無ではなく、「益出し」目的で行われる証券化も一部にある。
16 この結論は日本語で出ている『格付け手法：証券化に伴うリスクの移転についての一考察』（日本語版2002年7月、1999年7月発行の英文版 Another Perspective on Risk Transference and Securitization の翻訳）、ムーディーズ・インベスターズ・サービス、ムーディーズジャパン株式会社でも同様である。同様の結論を導き出すレポートをムーディーズはこれまで多数発表してきているが、それらを集大成したレポートとして Special Comment, Demystifying Securitization for Unsecured Investors - A Product of the Securitization Standing Committee, January 2003, Moody's Investors Service（英文のみ）をあげておきたい。

ノンバンクや銀行でも，同じ資産を持ち，同じような負債・資本構造を持ち，収益力も似たような水準であれば，同じ格付けになるという前提があるように思える．この前提は，証券化の実態をみれば，非現実的だろう．たとえば，消費者金融会社と消費者ローンのABSを比べた場合，消費者金融会社は自己資本比率が30％を上回っていてもトリプルB格からせいぜいシングルA格の水準だが，消費者ローンを裏付資産とするABSは債権者にとってはより小さなバッファー（自己資本比率に相当する劣後比率）でトリプルA格といった高い格付けを取得することができるのが現実だ．この現実を格付け会社で金融機関やノンバンクの格付けを行っている部門の人たち[18]は認識しているのだろうか．

　証券化の効果を認めない格付け会社に反論するのは容易に思える．第一に，証券化商品は，企業が発行する社債に比べ，債権者にとってより小さなバッファー（劣後比率，自己資本比率）でより高い格付けを取得できること．従って，発行されるABSの格付けがオリジネーターの発行する社債のそれよりも高いからといって，リスク移転になっていないとは容易に結論付け難いこと．第二に，証券化を担保付の借入れとみなすのは行き過ぎであること．担保付借入れであれば，担保割れしても返済義務があるのに対し，証券化したオリジネーターが負担するリスクは最劣後部分の金額が上限になる[19]からだ．これは免責金額が比較的大きな保険を掛けていることにたとえられる．たとえば，消費者ローンを証券化する際に，劣後比率が15％で最上位格付けのトリプルA格を取得できるとしよう．これは，消費者ローンに予想を大幅に上回る貸倒れが発生し

17　たとえば，Standard & Poor's "Financial Institutions Criteria January 1999" pp.153-159を参照．他にも，ニュースリリース，S&P Report Assesses Impact of Securitization on Credit Profile of Japanese Finance Co.（November 7, 2000）等に同趣旨の記述がみられる．
18　私が部外者として観察する限り，各格付け会社において，金融機関を格付けしている部門とストラクチャードファイナンス格付け部門の内部での交流は十分ではないような印象を受ける．ただ，スタンダード＆プアーズだけは，日本において金融機関格付けとストラクチャードファイナンス格付けのクライテリアの整合性に取り組み始めているような印象を受ける．もっとも，その具体的な成果は（本書執筆時点において，傍観者に過ぎない私にとって）あまり明確なものとして見えてきていないが．
19　もっとも，ごく最近時に，一部の消費者ローンを裏付けとする証券化商品で，資産の劣化に対応するため，期中に仕組み替えを行うことで，格下げや早期償還を回避する動きが出たが，このような仕組み替えがオリジネーターの経済的な負担を伴う形で頻発すると，「証券化は実質的には担保付き借入れじゃないか」という議論に反論できなくなってくる．

て，最劣部分の元本を全部毀損してそれでも足りずに ABS の投資家が損失を被る可能性がほぼゼロに近いくらいに小さいと格付け会社が判断したことを意味する．発生確率がゼロに近い損失に備える保険を掛けることに意味がないという見方もあるかもしれないが，一部の格付け会社は保険会社の財務分析を行う際に再保険によるリスクヘッジを自己資本類似のバッファーとして評価することもある．第三に，格付け会社がしばしば言うように証券化はリスク移転になっていないと認めてみよう．そうすると，オリジネーターが負担する損失は，自ら保有する最劣後部分までなので，最悪，それが全損になると見れば良いことになるのではないだろうか．つまり，オリジネーターのバランスシートから，最劣後部分相当額を資産から控除し，同額を自己資本から差し引いて見れば良いのであり，証券化した資産と発行した証券化商品を足し戻す必要はないと考えられないだろうか．もっとも，最劣後部分が必ず全損になるという前提はストレスシナリオであってベースケースシナリオではないことを認識したうえでの議論だ．

　格付け会社の考え方は不変ではない．時代と共に徐々に変化し続ける．格付け会社で金融機関やファイナンス会社の格付けを行っている人たちが現実に即した資産証券化の実態を理解するような時期がきたら[20]，証券化の影響に対する見方が変わるかもしれない．

投資家にとっての証券化

　投資家の観点からは，証券化商品の大部分が最上位格付けであるトリプルA格を取得して発行されることにも現れているように，負担する信用リスクが小さい割には，利回りが高めの傾向があるため，リスク回避的投資方針に適合したクレジット商品であるという特徴があげられよう．時期にもよるが，債券市場における大手の投資家（その多くは金融機関）は，投資対象を格付けの高い

20　格付け会社の内部でストラクチャードファイナンス格付けと金融機関やファイナンス会社の格付けの整合性についてもっと議論が進めば変化が起きることが期待できるだろう．

ものに限定する場合がある．たとえば，最低でもシングルA格以上とする，といった場合だ．そうすると，事業債などの社債ばかりでは投資対象が限られるし，一般的に高格付けほど利回りが低いので，そういう利回りを享受しなければならない．ところが，証券化商品は，日本の現状においては，同格付けの他の債券よりも利回りが高い傾向にある．証券化商品の約80％前後はトリプルA格という最上位の格付けを取得しており，格付け水準で比較する限りにおいて，電力会社が発行する電力債や，特殊法人が発行する財投機関債は言うに及ばず，国債よりも高く（国債をトリプルA格に格付けしている格付け会社の場合であれば同格）なっている．それにもかかわらず，スワップ金利や国債利回りといった基準金利に比べ，証券化商品を満期まで保有した場合の利回りはそれをある程度は上回る水準で発行され，取引されているのが実状だ．格付け対比利回りが比較的に高い債券（または債券型の投資商品）が証券化商品であるとも言えそうだ．

ところで，よく，社債や証券化商品の利回りが国債やスワップ金利を上回る部分をクレジットスプレッドと呼ぶ．いかにも信用リスクを負担することに対する対価のようにも聞こえるが，もし，国債に上乗せされるべき金利が信用リスク相当分だけであれば，こんなに厚いスプレッド（上乗せ幅）は必要ないはずだ．それに，証券化商品は，実態はともかく，格付けだけを見れば，国債と同等か国債より高い場合がある．それにもかかわらず厚めの上乗せ幅が要求されているのは，ひとつは流動性リスクに対する対価を市場が求めていることと，もうひとつは（これはひとつめの理由と重複してしまうが）それほど歴史が長くない新しい商品であるための新奇性に対するプレミアムが要求されているためと考えることができる．証券化商品の流通市場は国債の流通市場と比べると全く比較にならないくらいに未発達なので，投資家が望むときに妥当な価格で売れる保証はどこにもない．つまり，売りたいときにすぐには売れないかもしれない，無理して売ろうとすると買い叩かれて思ったよりも安い価格になってしまう可能性がある，という投資家の不安感が格付け対比，あるいは信用リスクの絶対値対比，厚めのスプレッドを要求する理由になっているのだろう．ま

た,純粋に信用リスクに対する対価の部分を考えても,信用力が安定的な証券化商品(格下げにはなりにくい証券化商品)と,格付けの変動が起こりやすい証券化商品(ちょっとしたイベントの発生で格下げになってしまう可能性のある証券化商品)では,後者の場合に信用力のボラティリティ(変動性)に対するプレミアムを要求されて然るべきということになる.格下げになれば,流通価格も(格下げにならなかった場合に比べれば)下落する可能性が高いだろう.信用力のボラティリティが高いということは,価格変動の可能性が高いということでもある.

図表1-4　事業債と証券化商品の利回り概念図

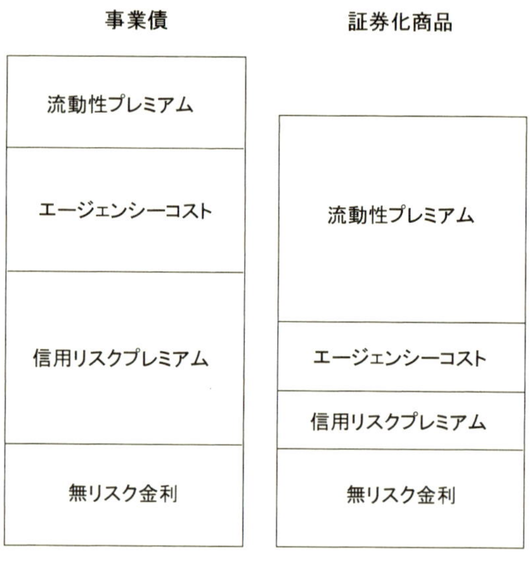

事業債	証券化商品
流動性プレミアム	
エージェンシーコスト	流動性プレミアム
信用リスクプレミアム	エージェンシーコスト
	信用リスクプレミアム
無リスク金利	無リスク金利

証券化商品の格付けはトリプルA格が圧倒的に多いことからも,信用リスクは小さいと思われるものが多い.それにもかかわらず,はるかに信用リスクが大きいと思われる事業債に比べ目だって利回りが低いとは言えない.市場が要求する利回りのうち,無リスク金利を上回る部分(スプレッド)は,信用リスクを負担することに対する対価(信用リスクプレミアム)だけではないからである.

　証券化商品に投資することは,投資ポートフォリオの分散化にも寄与する場合が多いだろう.事業債ばかりを投資対象にしていれば,ポートフォリオの業

種分散をはかることは困難だ．そういうのも，日本では，社債の発行体は数が限られているうえ，業種面では大きく偏っているからだ．なかでも銀行と電力会社が圧倒的に大きな社債発行体としての地位を占めてしまっている．その点で社債市場は比較的業種が分散している株式市場とは大きく異なる．社債の価格変動は社債のそれと比べると限定的で，その大きな部分が市場金利の変動によって引き起こされている．しかし，何れかの業種に偏ったポートフォリオを構築すると，より大きなリスクを負担しなければならないというのは株式の場合と同様だ．同一業種であれば，同様のマクロ経済環境や業界環境に同様の影響を受けてしまい，業績が悪化するときは各社とも一斉に悪化し，社債の格付けが引き下げられるときもほぼ同時期に同様に下がる傾向があるからだ．社債の流通価格で言えば，値下がり（利回りは上昇）するときは，同一業種は一斉に値下がりする可能性が高いということである．債券投資理論でも，価格の変動をリスクととらえ，価格変動の相関の小さいものを組み合わせた分散ポートフォリオを構築することで，個別リスクを打ち消しあうことができると考える．また，このような分散ポートフォリオ構築をもって，リスクを抑えつつ期待リターンの最大化をはかる投資効率曲線の上方を目指せると考える．理論的な裏付けはともかく，事業債でしかも発行体の業種が集中している（＝あまり分散化されていない）ポートフォリオに，住宅ローンを裏付けとした証券化商品や，リース債権を裏付けとした証券化商品を組み込んでいくことは，ポートフォリオのもつリスクを低減させそうな効果があることは想像できるだろう．社債のポートフォリオに組み込むことで，分散効果を享受することができるだろう．米国では，社債が売られて流通利回りがワイドニング（市場金利に変化がないとすれば，価格は低下）する場合に，クレジットカードなど多数の消費者の信用力に支えられた証券化商品が「セーフヘーブン」（安全な避難地）と考えられ，買われるという現象が起きることがある．残念ながら，日本では証券化商品の流通市場が十分に発達していないので，事業債の利回りと証券化商品の利回りの相関を観察して分散効果を検証できる段階にはいたっていないと思われる．

しかし，統計的な価格分析ができなくても，定性的な判断として，証券化商品を事業債中心の債券ポートフォリオに組み入れることのメリットを考えることができる．まずは第一に，特定の企業や業界が急激な業績の変化を経験することがあるのに対し，多数分散された消費者向け債権のパフォーマンスの変化はゆるやかである傾向があるということだ．多数分散された債権プールは，それが特に消費者向けのものである場合，事業リスクとは縁遠く，個人消費者の集合体の信用力に依存するので，どちらかというと失業率や自己破産件数といったマクロ経済的な指標で類推できるようなリスクということになる．

第二に，事業債に比べ，証券化商品がイベントリスクにさらされる度合いが少ないことを挙げておきたい．たとえば，事業債を発行している企業が大規模な企業買収を行ったり，自社株買いをしたり，新規事業に着手したり，既存の事業部門を売却したりする可能性がある．その結果，事業債の信用力が変化してしまい，格付けも変化する可能性がある．証券化商品の場合，発行体であるSPC（特別目的会社）などには経営の裁量がないので，経営判断による資産や資本・負債構造の急激な変動は起こらないと考えて良いだろう．ただ，証券化商品といえども，イベントリスクとは完全に無縁ではないと考えるべきだ．ある特定の資産にかかる法規制に変化が発生し，結果的にその資産の換価価値が大幅に低下するような事態もないとは言えない．

第三には，事業債と異なり，証券化商品には信用力を安定的に保つためのメカニズム―仕掛け―が組み込まれていることが多々あるということを指摘しておきたい．典型的な証券化商品は，裏付け資産から回収された元本をまずは優先順位の高い債務（証券化商品のよりシニアなクラス）の弁済に充当していく．このような元本償還方法を「シーケンシャル・ペイ」（順次償還）という．裏付け資産に相当に高水準の貸倒れが発生しない限り，証券化商品（最劣後部分は例外）の投資家にとってバッファーとなっている劣後比率が自然に上昇していくことになる．事業会社にたとえれば，発行時から時間の経過とともに自己資本比率が上昇する仕組みが組み込まれているということだ．しかし，事業会社の場合，キャッシュフローに余剰が発生してもそれを必ずしも債務の弁済に充

当する義務はなく，設備投資を行ったり，自社株買いをするために新たな債務を負ったり，既存の債務を借り替えたりすることも可能だ．ところが，証券化商品の場合，裏付け資産が生み出したキャッシュフローを淡々と債務の弁済に充当していくのが一般的なので，発行時から時間の経過とともに安全性が高まる，つまり，利払いと元本償還の確実性が高まることになる．ただ，証券化商品の中には，「シーケンシャル・ペイ」ではない元本償還方法をとるものもある．たとえば，「プロラタ・ペイ」（比例配分償還）と呼ばれる償還方法で，一定比率で優先債もそれより劣後する債務も償還していく．この場合は発行から時間の経過とともに必ずしも劣後比率が上昇するとは言えない．

　最後に第四点目として，そしてこれが証券化商品の最も重要な特徴なのだが，事業債の発行体と違って，証券化商品の発行体は単なる静的な「器」であり，経営の裁量を持たないということが挙げられる．これは事業債や証券化商品の投資家（つまり，債権者）にとって損得両面が考えられるが，「経営者（あるいは経営者を支配する株主）が何をするかわからない，債権者にとって不利になる行動を起こすかもしれない」という不安感が払拭されるというメリットは大きいと考えられるだろう．

証券化がもたらすエージェンシーコストの低減

　証券化は，企業の資金調達にかかるエージェンシーコストを最小化することだとも考えられる．エージェンシー問題とは，ふたつの経済主体の間に，一方が他方を信用せざるを得ず，信用する側が信用される側の情報を完全には知り得ない場合に発生する問題[21]のことをいう．事業債と資産証券化商品を比較した場合，債権者（投資家）の安心感には質的な違いがある．資産証券化の場合，

21　岩村充・鈴木淳人『企業金融の理論と法』東洋経済新報社2001年, pp. 129-131, 岩村・鈴木は，「企業金融におけるエージェンシー問題を解決する方法は，債権者たちを会社の経営や利益配分に参加させるだけではない．反対に，彼らの権利とリスク負担を会社の経営意思決定から隔離するのも有力な方法論である．」「セキュリタイゼーションの意味は，企業から一定の事業資産を切り離し，そのプロファイルを明確化することによって，資金調達にかかるエージェンシーコストを最小化するところにある」という．

経営者の自由裁量はほとんどなく，債権者に対する返済原資を生み出す資産の内容は債権者にとってわかりやすいものになっている．事業債の場合に，発行企業が債権者に不利になるような行動（たとえば，債務の増加，事業リスクの増大につながる企業買収などの行動）を起こすことは，財務制限条項をもってしても完全には防げないが，資産証券化の場合にそのような可能性はほぼ排除されていると考えられる．このため，同様の資産を保有し，似たような負債・資本比率を有する場合に，静的な主体が発行する証券化商品は，動的に経営されている事業体が発行する社債よりも償還に関する不確実性がより小さいと評価されることになる．言い換えれば，静的な器に資産を移すことによって，ダイナミックに経営されている企業体が同じ資産を保有している場合よりも将来のキャッシュフローの予想可能性が高まり，より高い格付けの取得も可能[22]になる．本来ならば，証券化商品は，事業債よりもプロファイルが明確で理解しやすい[23]ものであるべきだ．

---

[22] 齊藤誠『金融技術の考え方・使い方』有斐閣2000年，p.216，齊藤は「企業資産から切り離された特定資産が債権の裏付けとなっているために，資産担保債券の信用リスクは，その企業が発行した社債の信用リスクに比べるとはるかに評価が行いやすい．評価が行いやすいという事情は，信用格付機関にとっても同様である」という．

[23] きちんと情報が開示さえされていれば，実際に理解しやすいと私は考える．問題点は情報開示が十分でないケースが多いことと，開示される情報を理解し消化する基礎的なノウハウが十分に普及していないことだろう．

コラム② 証券化の基本形——信用リスク加工の原型

　資産証券化は，その過程で信用リスクの加工が行われることが大きな特徴である．頻繁に証券化されるオート（自動車）ローン債権や住宅ローン債権は，数千人から場合によっては十万人以上の個人債務者に対する債権であり，多数分散しているため，どの程度が回収不能になるかを統計的に推測しやすい．そして，優先劣後構造により，実際の回収不能額が予想をある程度上回っても，証券化商品を全額償還できるように設計する．多数の債権を集めてくることにより，分散効果を得て，優先劣後構造により，信用補完効果を得ているのだが，それを最も単純にすると，つまり，基本型としてはどのような形が考えられるだろうか．

　それは，裏付け資産が同額の2つで，かつ，優先劣後構造も優先債と劣後債が半々となる仕組みだろう．そのような証券化取引が現実に1件存在する．それは，2001年に発行されたフライ二十一特定目的会社発行のA号特定社債とB号特定社債である．その仕組みは単純だ．ある証券会社がA生命とB生命にそれぞれ300億円ずつ基金を拠出し，その直後にその証券会社が基金債権を資産流動化法上の SPC（フライ二十一特定目的会社）に譲渡する．SPC はA生命およびB生命に対する基金債権を裏付けに300億円の優先債（A号債）と300

証券化の基本形

資産	負債
A社に対する基金債権	優先債 A号社債
B社に対する基金債権	劣後債 B号社債

発行体であるSPCが保有する資産は，生命保険会社A社に対する基金債権300億円と，B社に対する基金債権300億円のみである．一方，それを引き当てに，優先債（A号社債）を300億円，劣後債（B号社債）を300億円発行する．
A社ないしはB社のいずれか一方が基金債権を返済すれば，優先債であるA号社債は満額償還されることになる．一方で，A社とB社の両方が基金債権を満額返済しなければ，劣後債であるB号社債は満額返済できない．

億円の劣後債（B号債）を発行する．SPCが発行する特定社債の元利払いの優先順位は，A号債の利息，A号債の元本，B号債の利息，B号債の元本の順となる．なお，相互会社形態の生命保険会社の「基金」（保険業法60条に規定）は一種の期限付き劣後債である．

　優先債であるA号債はA生命の基金とB生命の基金の両方がデフォルトしたときにデフォルトし，劣後債のB号債はどちらか片方でもデフォルトした際にデフォルトすると考えられる．格付け会社による格付けは「ジョイントサポート格付け」によることになる．

相関を考慮したデフォルト確率の計算式

Aのデフォルト確率を p_a
Bのデフォルト確率を p_b
両者の相関を ρ とすると
A，Bの両方がデフォルトする確率 p_t は

$$p_t = \frac{\rho\sqrt{p_a(1-p_a)p_b(1-p_b)}}{2} + p_a p_b$$

どちらか一方でもデフォルトする確率 p_e は

$$p_e = p_t + (p_a - p_t) + (p_b - p_t)$$

ジョイントサポート格付け

　格付け会社によってジョイントサポート格付けの手法が異なる．ムーディーズの場合[1]，ジョイントサポート格付けは両社の相関を業種や市場の類似性などを基に定性的に評価したうえで行う．特定の2社間にみられるデフォルトリスクの相関（株価であればともかく）を統計的に検証するのは現実的には不可能で，定性的に評価するしかない．相関は1からマイナス1の間の値を取り得るが，企業のデフォルトという事象については正の値を取ると考えるのが自然

---

[1] Fons, Jerome S., "Moody's Approach to Jointly Supported Obligations" November 27, 1997 Moody's Investors Service Special Report, Moody's Investors Service に解説されている．

だろう．また，同一業種の方が異業種間より相関が高く，資本関係やビジネス上の依存関係があれば相関は高いと定性的に評価することが可能だ．

一方，S&Pはジョイントサポート格付けには条件付確率の考え方を採用している．格付けの高い方がデフォルトする際は，50％の確率でもう一方がデフォルトするという前提で作成したジョイントサポート格付けのマトリクスを出版物[2]などで公表している．

バスケット型クレジットリンク債やバスケット型クレジットデフォルトスワップにおいて，複数の参照企業のうち，1社でもデフォルト（クレジットイベント）を発生させれば投資家が損失を負担する「ファースト・ツー・デフォルト」，2社以上がデフォルトすれば損失を被る「セカンド・ツー・デフォルト」などのトランシェの信用リスク評価は，ここで紹介した考え方を発展させることで，同様に考えることができる．

---

[2] 複数のレポート，出版物があるが，一例として，Standard & Poor's "Public Finance Criteria 2000" pp. 214-215 に掲載されている jointly supported obligations の格付けの考え方に関する解説および格付けマトリクスを参照．

第3節 証券化の仕組み

証券化は，なんらかの仕組みを用いることから，ストラクチャードファイナンス（仕組み金融，構造金融）の一種だ．仕組みとは，様々な法的枠組みに支えられた契約関係と各当事者が果たす役割のことである．

証券化の基本要素

まずは証券化の基本要素を考えてみたい．ここでは一般的な資産の証券化を考える．

まずは，証券化対象となる資産が必要であることは言うまでもない．これを原資産または裏付資産という．次に，倒産隔離という仕掛けが必要になる．倒産隔離とは，証券化商品の発行体が倒産しないように作り込むという意味合いと，資金調達しようとする企業が倒産しても重大な影響を受けないようにしておくという意味合いがある．もっとも，倒産隔離は必要ではない場合もあるにはあるが，ほとんどの場合に必須と考えて良いだろう．さらに，信用リスクや金利リスクの統合，分解，加工，移転という要素も間違いなく証券化の基本要素だろう．そして，受託者やサービサーといった取引に参加または介在する様々な当事者が提供するサービスも証券化の基本要素だ．

つまり，原資産が原材料，倒産隔離とリスクの加工が仕掛け，当事者が提供するサービスが動力源であり，どれも欠かすことができない要素だということになる．

証券化の参加者

証券化取引にはどのような当事者が登場するのだろうか．

よくオリジネーターということばを耳にする．オリジネーター（英語でoriginator）とは，原資産を作った者，という意味で，原資産が住宅ローンであれば，それを最初に貸付けた者，リース債権であれば，顧客とリース契約を締結してリース契約を開始させたリース会社ということになる．まれに原債権者と呼ばれることもある．そして，その原資産を信託設定して信託受益権をSPCや投資家に売却する，あるいは信託を用いることなく，原資産を直接SPCなど（SPV）に売却して資金調達する者をセラー（英語で seller）という．ほとんどの場合にオリジネーターとセラーは同一なので，セラーの意味合いでオリジネーターということばが用いられることが一般的になっている．つまり，オリジネーターとは，本来は，原資産を生み出した者という意味なのだが，セラー，つまり，原資産を信託・売却するなどして証券化する主体をも意味するし，むしろセラーという意味合いにおいてオリジネーターという用語が使われることが実際には多い．

原資産がオートローンや住宅ローンのような金銭債権の場合は，それを管理して，個々の債務者から回収する役割を果たす者が必要になる．このように原資産の管理回収を行う者をサービサー（英語でservicer）と呼ぶ．住宅ローンの借手など，原資産が金銭債権の場合の債務者を原債務者または単に債務者（英語では obligor(s)）という．また，原債務者に請求したり，回収したり，回収状況について報告書を作ったり，回収金を信託やSPCに送金したりする業務をサービシングという．ほとんどの場合，オリジネーター兼セラーがサービサーに就任することになる．また，当初サービサーに就任した者が，サービシング能力を失ってしまった場合等にサービシング業務を引き継ぐ者をバックアップサービサーと呼ぶ．バックアップサービサーは最初から指名されている場合とそうでない場合がある．また，最初から指名されている場合でも，どの程度準備体制を整えているか，その程度によってコールド，ウォーム，ホットの3種類があると言われる．コールドとは，実際にサービサー交代が決まってから慌てて準備をして回収業務を始めることをコミットしている状態，ホットとは，バックアップサービサーが当初のサービサーから毎日最新のデータを受

領し,いつでもすぐにサービシング業務を引き継げる状態にあるものをいうと考えれば良いだろう。ウォームはその中間の様々な状態をいうが,コールド,ウォーム,ホットにそれぞれ厳密な定義があるわけではない。ただ,従前から,ホットな状態のバックアップサービサーを当初から置いておくことはなかったが,コールドよりもややウォームに近い状態にしておくことが主流になってきている。

債権の種類や性質,回収方法によって,サービシングの難易度は異なる。ほとんどの場合は当初サービサーであるオリジネーターが回収を行うのが最も回収効率が良いと判断できるだろう。しかし,サービサーが誰であっても回収効率に大差ないような債権もあれば,サービシングに特殊なノウハウやマンパワーを要するものもある。オリジネーターが正常に営業を継続しているか否かで顧客の支払い能力や支払い意欲も影響を受けやすい種類の債権もあるだろう。オリジネーターの倒産を起因に大幅に劣化する可能性の高い資産については,バックアップサービサーの能力や信用補完水準やそのメカニズムに十分に注意を払う必要があると考える。

証券化に信託は必須ではないが,日本では多くの証券化取引に信託を利用している。原資産をSPCに譲渡し,SPCが社債を発行するというシンプルな形でも構わないのだが(実際,そういうシンプルな形の証券化取引もあるが),オリジネーターが一旦は信託銀行等[24]を受託者として原資産を信託設定し,信託設定の結果発生する信託受益権の一部をSPCに譲渡,SPCがそれを引き当てに社債(これがABSとか証券化商品と呼ばれる)を発行する形態が一般的になってきている。この場合に,資産を自らの名義で保有し管理する信託銀行等の受託者も重要な参加者になる。信託業法の改正(2004年)以降は,銀行ではない信託会社(資産管理型信託会社)を受託者として用いる場合や,金融機

---

[24] 本書執筆時点では,信託銀行を名乗る金融機関以外にも,商号に「信託銀行」の文字が入っていない銀行(たとえば,三井住友銀行,りそな銀行)や,金融機関ではないものの信託業を認められている株式会社整理回収機構などが証券化取引における信託の受託者に就任している。また,今後,信託業法が改正され,さらには信託法の改正,信託業法の第2弾の改正が行われると,証券化取引に受託者として登場する信託会社の範囲は格段に広がることが予想される。

関ではない会社が受益権販売会社として登録を受けて受益権の販売を行うことがあり得るだろう．

また，社債やノートの形で発行する場合，社債管理会社あるいはノートトラスティーを設置することが一般的だ．国内社債としての証券化商品でも，社債管理会社を設置しないいわゆる FA（財務代理人）債というケースもごく少数

図表1-5　証券化商品の仕組み

SPC譲渡方式

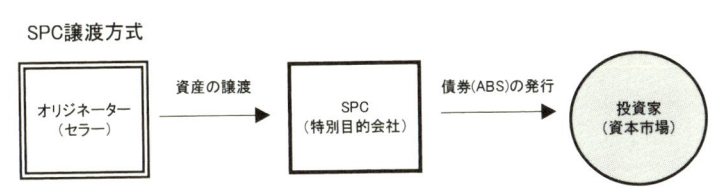

オリジネーター（セラー）→ 資産の譲渡 → SPC（特別目的会社）→ 債券(ABS)の発行 → 投資家（資本市場）

オリジネーター（ここではセラーの意味）が特定の資産をSPCに譲渡する．SPCはABSを発行し，その発行代り金の中からオリジネーターに資産の譲渡代金の一部を支払う．一般には，ABSの発行代り金は，資産の譲渡代金に満たないが，その差額はSPCからオリジネーターへの支払いを繰り延べる（オリジネーターからみて残存売買代金債権）か，オリジネーターを組合員，SPCを営業者とする匿名組合契約を締結し，オリジネーターがSPCに出資することで対応がなされる．

信託方式

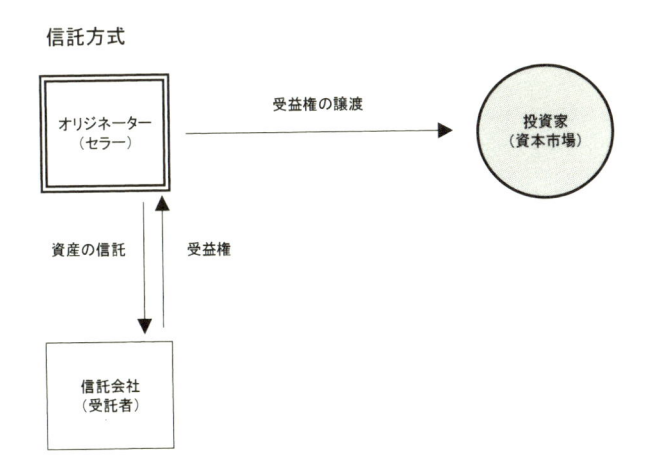

オリジネーター（セラー）→ 受益権の譲渡 → 投資家（資本市場）

オリジネーター ⇄ 信託会社（受託者）（資産の信託／受益権）

オリジネーターが特定の資産を信託会社（信託銀行等）を受託者として信託設定する．オリジネーターは委託者兼当初の受益者となる．多くの場合，受益権を優先劣後に分割し，優先受益権のみを投資家に販売する．

(図1-5 続き)

信託リパッケージ方式

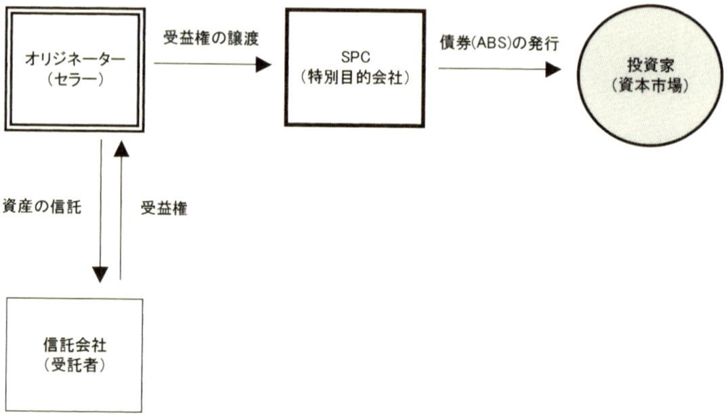

```
オリジネーター      受益権の譲渡     SPC           債券(ABS)の発行    投資家
(セラー)       ─────────→    (特別目的会社)  ─────────→     (資本市場)

  │  ↑
資産の信託 │ │ 受益権
  ↓  │

信託会社
(受託者)
```

信託リパッケージ方式は，信託方式とSPC譲渡方式の組み合わせだが，非常にポピュラーな方式であり，実際の証券化取引における利用例が多い．

　だが存在する．社債管理会社やノートトラスティーは，一般的な社債やユーロ円債の場合と同様，投資家の代理人としての役割を期待されている．なお，社債管理会社不設置債の場合に設置される財務代理人は，投資家の代理人ではなく，あくまでも発行体の代理人である．

　証券化の仕組みを作り，支える人たちも証券化取引に登場する．証券化商品の基本設計をするアレンジャー，証券化商品を引受け，販売するアンダーライター（アレンジャーとアンダーライターはほとんどの場合に同一の金融機関），それぞれの当事者に助言を与え，また，各種の契約書を作り上げている過程で重要な役割を果たす弁護士などだ．また，証券化商品は，ある特定の格付け会社からある特定の格付けを取得できるように作り込まれることが一般的なので，格付け会社も重要な役割を果たす．ある格付け会社からAAA格という格付けを取得しようとした場合，その格付け会社が要求する様々な条件を証券化取引自体に組み込んでいかねばならないからだ．

証券化のメカニズム

　証券化は，以上で述べた基本要素と参加者たちが提供するサービスによって成立する取引だ．最も典型的な信託を用いた仕組みでは，オリジネーター兼セラーが受託者に原資産を信託する．それによって発生した信託受益権を今度はSPC（特別目的会社）に譲渡する．そして，SPCは社債を発行し，それをアレンジャー兼アンダーライターが引受けて，投資家に販売する．その後は，毎月なり一定の期間毎に，セラー兼サービサーが（あるいはバックアップサービサーが）原資産の回収状況をとりまとめて，受託者に報告し，回収金を受託者に引き渡すということが行われる．

　証券化取引を図示すると，様々なバリエーションがあるが，ここでは日本で一般的なスキームをいくつか図示してみた．

真正売買

　資産証券化の発祥の地である米国では，オリジネーター（ここではセラーの意味）からSPV（特別目的会社や信託）への資産の移転が真正売買かどうかという形で問題提起がなされ，議論されてきた．真正売買[25]とは，米国で用いられる表現であるtrue saleの直訳である．

　真正売買は後述する倒産隔離のひとつの重要な要素とされる（倒産隔離については，第5章第3節，「倒産隔離の意味」参照）．真正売買の要件は，時代と

25　真正売買についての論考は数多くあり，参考文献を挙げればきりがないが，初期のものとして，田中幸弘「証券化金融取引の債権譲渡をみる視点（上）売買か担保か」『NBL』No. 510（1992）pp. 38-48,「債権譲渡担保から債権売買へ」『金融法務事情』No. 1387（1994．5．25.号）pp. 55-90，最近のものをいくつか例示すれば，西村総合法律事務所編『ファイナンス法大全（下巻）』第7章第3節「証券化に共通する法的問題」pp. 32-115, 後藤出「資産流動化取引における『真正売買』（上）」『NBL』No. 739（2002.6.15.）pp.62-68, 後藤出「資産流動化取引における『真正売買』（下）」『NBL』No. 740（2002．7．1．）pp. 76-84, 山本和彦「証券化と倒産法」『ジュリスト』No. 1240（2003．3．1．）pp. 15-22. 現在もなお議論が続いている問題であることは指摘しておきたい．

共に変遷する．資産証券化を構成する取引が，売買ではなく，担保取引として評価されあるいは担保として取り扱われると，資産証券化の当事者の意図を実現するうえで問題が生じる可能性がある．これが真正売買の問題である．資産の譲渡が売買か譲渡担保か，金銭債権であれば，債権譲渡なのか，債権譲渡担保なのか，という議論でもある．

真正売買は，譲渡担保であることを否定すること（つまり，売買取引を担保取引として法的再構成されることの防止）を主眼に置き，（1）対抗要件の具備，（2）当事者の契約意思，（3）譲渡資産の特定性，（4）譲渡価格の妥当性，（5）会計上の取り扱い，（6）買戻し義務などのリコースおよび資産に対する実質的支配権の程度などの観点で，売買取引を類推させ，担保取引であることを否定させるような条件を現実的に可能な範囲において揃えておくことを意味すると考えておきたい．ただ，たとえば，オリジネーター（ここではセラーの意味）の会計処理が，売買処理ではなく，金融処理だからといって，それだけを理由に真正売買が否定されるべきものではない．会計基準の変遷ともあいまって，法的な権利関係と，会計上，資産計上するべきか否かの問題は，その距離が開いていく傾向にあることも考えれば，会計上の扱いはもはや真正売買の要件として考えるべきではない時期に来ているのかも知れない．債権譲渡や信託設定による資産の処分は真正売買であり，譲渡担保として解釈される蓋然性が低いことをもって真正売買が図られていると考えられているのである．オリジネーター（ここではセラーの意味）破綻時に，債権譲渡ではなく譲渡担保であるなどの主張がなされないような条件，そのような主張を行う動機をそぐ条件をできるだけ揃えておくことだとも言えよう．また，証券化取引における資産の譲渡は，倒産法制上の否認リスクあるいは民法上の詐害行為取消リスクを可能な限り排除するように仕組まれる．否認リスクの排除も真正売買と同様，証券化取引において十分に気を付けねばならない点である．

真正売買は，ときに異なる意味合いに用いられる．会計上の扱いや，税務上の扱いについて議論される場合にも真正売買という用語が使われる場合がある．つまり，会計上，オリジネーターが売買処理を行って資産認識を中止できるか，

図表 1 − 6　優先劣後構造

```
┌──────┬──────┐
│      │ 優先債 │
│ 資産  ├──────┤
│      │メザニン債│
│      ├──────┤
│      │  劣後  │
└──────┴──────┘
```

代表的な信用補完措置は優先劣後構造である．上の図はSPCのバランスシート，あるいは，信託勘定だと考えていただきたい．資産からの回収金の分配順位（言い換えれば，損失の負担順位）を決めておくことで，損失負担の可能性が小さい優先債，中間のメザニン債，最初に損失を負担する劣後に切り分け，異なる主体（投資家やオリジネーター）が負担する．劣後部分を債券にする事例は少ない．

税務上，固定資産税の納税義務が誰にあるのか，といった点を論じるのに真正売買という用語が用いられることがあるが，これは上述の法的な議論とはやや異なる意味であろう．また，真正売買とは，共益債権または取戻権か構成担保権かの問題だという説もあるが，それは会社更生という場面に限定した議論であり，真正売買は，会社更生のみならず民事再生や破産などの場合にも検討するべき論点だろう．

信用補完措置

　証券化とは，経済的価値を有する資産を裏付けとし，法的枠組みに支えられた複数の契約関係に基づき複数の当事者がその役割を果たそうとし，債権者である投資家に対する元利払いの確実性を調整するために信用補完措置がなされる取引だともいえよう．信用補完措置とは，裏付資産がある程度まで回収不能になり，あるいは減価し，劣化しても，投資家へは元本を満額返済し，利息も

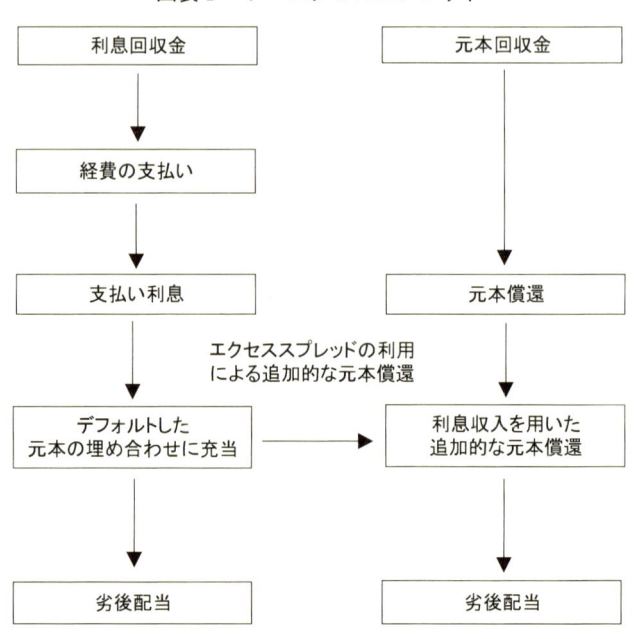

図表1-7　エクセススプレッド

```
┌──────────────┐        ┌──────────────┐
│  利息回収金  │        │  元本回収金  │
└──────┬───────┘        └──────┬───────┘
       ↓                       │
┌──────────────┐               │
│  経費の支払い │              │
└──────┬───────┘               │
       ↓                       ↓
┌──────────────┐        ┌──────────────┐
│  支払い利息  │        │   元本償還   │
└──────┬───────┘        └──────────────┘
    エクセススプレッドの利用
    による追加的な元本償還
       ↓                       ↑
┌──────────────┐        ┌──────────────┐
│ デフォルトした│──────→│ 利息収入を用いた│
│元本の埋め合わせに充当│ │追加的な元本償還│
└──────┬───────┘        └──────┬───────┘
       ↓                       ↓
┌──────────────┐        ┌──────────────┐
│   劣後配当   │        │   劣後配当   │
└──────────────┘        └──────────────┘
```

裏付け資産からの回収金は，利息(利息および手数料)収入と，元本の回収に分け，利息収入は，経費と支払い利息に充当された後の残余を劣後配当に，元本回収金は元本の償還に充当するのが原則である．しかし，裏付け資産にデフォルトが発生した場合，デフォルトした元本相当額だけ利息収入のうち経費や支払い利息に充当した後の余剰部分(これをエクセススプレッドと呼ぶ)を追加的な元本償還に流用する．これをデフォルトトラップと呼ぶこともある．裏付け資産の元本が一部毀損しても，十分な利息収入がある限り，証券化商品の投資家にとっては元本を全額回収できることになる．つまり，エクセススプレッドの利用は信用補完措置の一種なのである．

支払えるように手当てしておくことだ．信用補完措置には外部信用補完と内部信用補完がある．外部信用補完とは，保険会社などが証券化商品の元利払いを保証することであり，日本の証券化商品においては利用される頻度が小さくなってきている．一方で，内部信用補完とは，証券化の仕組み自体に組み込んでおく措置のことで，まずは優先劣後構造を意味する．発行する ABS などの証券化商品の元本よりも大きな金額の債権を裏付けとすることを超過担保という．

　優先劣後構造とは，ABS などの債務の弁済順位に優劣を付けることであり，優先度の高い ABS を保有する投資家にとって，それより弁済順位が劣後の部

図表1-8 元本償還方法による劣後比率推移の差異

シーケンシャル・ペイ

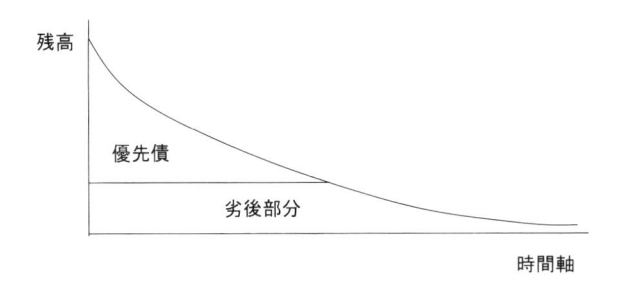

（残高のグラフ：優先債、劣後部分、時間軸）

プロラタ・ペイ

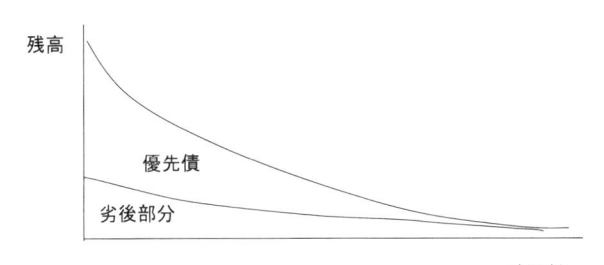

（残高のグラフ：優先債、劣後部分、時間軸）

シーケンシャル・ペイ（順次償還方式）を用いる場合，まずは優先債の元本償還を行い，優先債が完済されてから劣後部分の償還を始める．この場合，時間の経過とともに，優先債の債権者からみて，バッファーとなる劣後比率が厚くなる傾向がある．一方で，プロラタ・ペイ（比例配分方式），すなわち，期中にも一定比率で優先債と劣後部分の元本償還を行うと，シーケンシャル方式で見られた優先債の債権者にとって時間の経過とともにバッファーが厚くなる効果が存在しないか，存在したとしてもより小さいことになる．

分がバッファーになる．裏付け資産から予想を下回る回収しかできなかった場合，その損失はより優先順位の低い部分に投資している人が負担することになる．優先劣後構造と超過担保はコインの裏表の関係にある．多くの場合，返済順位が最も劣後順位になる部分（これを最劣後とか，エクイティ部分とか，ファーストロスポジションと呼ぶ）はオリジネーターが保有することになる．証

券化商品がABSなど債券の形で発行される場合であっても，最劣後部分の形態は信託受益権（劣後受益権）であったり，指名金銭債権（残存売買代金債権）であったりする．

　優先劣後構造とセットで考えなければならないのは，元本償還方法である．元本償還方法は大きく分けてシーケンシャル・ペイ（順次償還）とプロラタ・ペイ（比例配分償還）がある．シーケンシャルとは，回収された元本を優先順位の高い債務の元本償還に順次充当し，優先順位の高い債務から順次償還していくことだ．回収された元本に加え，回収された利息のうち経費や支払利息に充てた残余部分（これをエクセススプレッドまたは超過収益という）を追加的に元本償還に充当する元本償還方法をファースト・ペイまたはターボと呼ぶ．エクセススプレッドを元本償還に充当することで，元本償還を加速することから「ターボ」と呼ばれている．最初からファースト・ペイまたはターボ方式で元本償還を行うように約定された証券化商品はどちらかというと例外的で，裏付資産の劣化が著しい場合やサービサーが交代するなど，証券化案件にストレスがかかるような状況で他の償還方法からターボ方式に切り替わる（これを早期償還とか加速償還という）ことが一般的だ．プロラタとは，一定の比率で優先順位の異なる債務の償還を行うことだ．

　優先劣後構造は主に元本に着目するが，裏付資産が貸付債権などで利息収入を生む場合に，利息収入から支払利息と経費を差し引いても余る場合がある．この剰余部分をエクセススプレッド（超過収益ということもある）という．ファースト・ペイ（ターボ）方式の償還を行っていれば当然だが，そうでなくてもエクセススプレッドを直接あるいは間接的に証券化商品の元本償還に充当する，あるいはできる，ように作り込まれている証券化商品も多々ある．この場合は，利息収入の一部が信用補完効果をもたらしていることになる．消費者ローン債権などのように，適用金利の絶対値が高く，ABSのクーポンなどの支払利息の金利水準との差が大きい場合，エクセススプレッドによる信用補完効果は顕著なものになる．

トリガー

　信用補完措置とも関係するが，証券化商品には様々なトリガーを設けてあることがある．トリガーとは，ある事象が発生した場合に，何らかの行動が起こされるような停止条件付きの義務または権利のことだ．ほとんどの場合，投資家にとって不利な状況になった場合，あるいはなり得る場合に，投資家に対する保護を厚くする目的で設置される．ここでは，証券化取引に組み込まれる典型的なトリガーとして，債務者対抗要件具備，サービサー交代，そして加速償還の3点について，その存在意義を簡単に説明してみたい．

　まずは，債務者対抗要件具備がある．金銭債権の証券化を行う場合，当初の信託設定あるいは債権譲渡の段階では，債権譲渡特例法に基づく登記のみを行うことで，債務者を除く第三者対抗要件を具備するのが一般的で，債務者対抗要件の具備は留保されている．債務者対抗要件を具備すれば，相殺リスクの上限を確定することができるし，また，サービサー交代後の回収漏れを防止できることから，オリジネーターの信用力が極度に悪化した場合やサービサーを交代する際に具備するようなトリガーが設けられる．

　金銭債権の証券化においては，債務者に知られずに債権の譲渡または信託を行いたいという意向が働くことから，当初は債権譲渡特例法を用いて債権譲渡登記のみを行う場合が多い．この場合，債務者を除く第三者に対する対抗要件が具備されているものの，債務者対抗要件が具備留保の状態になっている．債務者対抗要件を具備するには，債権譲渡登記にかかる登記事項証明書を債務者に交付するか，民法に基づく確定日付ある証書による債務者に対する通知または債務者による承諾の取得が必要となる．ところで，相殺リスクは，オリジネーターが銀行であり，債務者がオリジネーターに対して有する債権が預金債権である場合に，それが顕在化するのは（理論上の可能性はともかくも）現実的にはオリジネーターの銀行が破綻状態にありかつ預金債務にデフォルトを発生させる場合に限定されると考えられる．また，サービサー解任後に債務者がオ

リジネーターに対して（誤って，あるいは，善意で）債務履行しようと支払いを行った場合に，その金銭をオリジネーターから取り戻せなくなる可能性はオリジネーターに資力がないかオリジネーターが法的倒産手続きに入っているような状況に限られるだろう．債務者対抗要件の具備が必要とされるのは，オリジネーターが破綻した場合か，オリジネーターの破綻が近いと思われる場合だろうと思われる．従って，オリジネーターの破綻あるいは破綻の兆候をうまくとらえる形でトリガーを規定するべきだろう．これには，法的倒産手続き，事業継続に懸念が持たれる程度以上の営業停止命令，銀行免許の取消，ある一定水準以下への格付けの低下などが考えられる．また，債務者対抗要件の具備とサービサーの交代はほとんどの場合に不可分のセットとして考えられる．なぜならば，債務者対抗要件を具備する必要がない時点でサービサー交代が必要とされる状況は現実的には考え難いからだ．

　次にサービサー交代だが，これはサービサーの能力低下などの際に回収効率の劣化を防止する目的で行うことになる．金銭債権の証券化取引においては，証券化後は，オリジネーターが証券化された資産の管理回収を請け負うことが一般的だ．つまり，オリジネーターがサービサーに就任するが，サービサーとしての能力が低下した場合など，投資家の利益を守るためにサービサーの交代が望ましい場合にサービサーを交代できるようにしておくという趣旨で設けられるのがサービサー交代のトリガーである．なお，サービサーが倒産した場合，コミングリングリスクが顕在化する場合がある．コミングリングリスク（資金混交によるリスク）とは，サービサーが債務者から回収済みでまだ証券化の主体—信託またはSPC—に引き渡していない資金がある場合に，当該金額回収金引渡請求権がサービサーの会社更生手続き上，更生債権となり債権カットされ，長期分割弁済になるなどで，タイムリーに全額回収することができなくなるリスクのことだ．日本では，サービサーの信用力がそれほど高くはない場合，コミングリングリスクが1回顕在化する（ケース・バイ・ケースだが，一般的には1～2ヶ月分の回収金が回収不能になってしまい，回収不能にならなくとも回収の遅延が発生する）という前提で信用補完水準や流動性補完措置として

の現金準備の必要金額が定められているのが一般的である．なお，コミングリングリスクは，サービサーが資力を失った場合か倒産した場合にしか顕在化せず，かつ，サービサーが倒産したとしても必ずしも顕在化するとは限らないリスクだ．たとえば，信販会社のライフが2000年5月に会社更生手続き開始の申し立てをした後も，集金代行業による回収金の引渡しは裁判所の保全処分の対象にならなかったうえ，オートローンのABSについてサービサーとして回収・引渡しを継続したという事例もある．ただ，1つの案件で2回以上コミングリングリスクが発生すると証券化商品のデフォルトにも繋がり得る致命的な影響が出る場合が考えられるため，サービサーの変更は十分に慎重に検討するべきだろう．

そして，加速度償還について考えてみたい．加速度償還は裏付け資産の劣化が懸念される場合に，できるだけ早く投資家に元本を償還することを意図して設けられるトリガーだ．加速度償還（または早期償還）とは，劣後受益権への配当を停止するなどし，いわば利息収入のうち剰余部分を用いて投資家に対する元本償還を早めてしまうことだ．リボルビング方式（一定期間，回収金を元本償還には用いずに，追加で資産を購入するために使用することで，ABSの発行残高を一定に保つ仕組み）の場合には，リボルビング期間を終了し，投資家に対する元本償還を開始することが同時に行われる．加速度償還を開始するトリガーは，裏付け資産の劣化が懸念される場合などに，できるだけ早く投資家に元本を償還して案件を終了してしまうことを意図して設定されるもので，オリジネーターが破綻した場合に延滞が増加するなどの影響を受けやすい資産の場合に重要だろう．

第4節　証券化における信用リスク加工

証券化の大きな特徴がリスクの加工，なかでも信用リスクの加工が行われるところにあることは既に述べた．証券化対象資産を複数集めてくることで，結

果を予想しやすくする「分散効果」と，優先劣後構造によるリスク（主に信用リスク）の負担順位を決めることによるリスクの分解と移転が信用リスク加工の中心となる．また，証券化のおおまかな仕組みについても既に述べた．しかし，信用リスクが加工されるとは，具体的にはどのようなことなのだろうか．具体的なイメージを摑んでもらうために，分散効果と優先劣後構造について，若干言及しておきたい．

分散効果

　分散効果とは，多数集めてくることで，結果を予想しやすくすることである．ある資産があり，その１年後の換価価値が98％の確率で100万円，２％の確率で０円になるとしよう．この資産を購入し，１年後に換価価値の配当を得られる投資話があり，当初の投資額が90万円だとすれば，あなたはその投資を行うだろうか（話を単純にするために，金利はゼロとする）．投資のペイアウトは98％の確率で100万円（つまり，10万円の利益）だが，２％の確率で０円（つまり，90万円の損失）となり，期待値は98万円（つまり，８万円の利益）となる．とてもおいしい話かも知れない．しかし，このようなおいしい話にとびつくのは現実の世界ではリスクマネーと呼ばれるハイリスク・ハイリターン型の投資を狙う人たちに限られる．証券化市場における投資家たちは，どちらかという

---

[26] これはきわめて乱暴な仮定で，現実の資産間の相関は相当に高いと考えるべきだろう．しかし，A社とB社（あるいは会社ではなく，業種でも構わないが）の株価の相関は実績値から算出できるが，デフォルトの相関は実績データからは算出不可能だ．そこで，証券化対象資産をモンテカルロシミュレーションやその他のモデルに落とし込んで分析する際も，資産間の相関は人間が定性的に判断したうえで与えることになる．同じ業種なら相関は高いだろう，全然違う業種なら相関はゼロに近いかも知れない，かなり異質の資産でもマイナスの相関はそれほどないのではないか，といった具合である．一部の格付け会社がCDOの格付け分析に使用しているモデルは，結局はそういう定性的な評価に基づく資産間の相関が所与となっている．デフォルトの確率分布や信用リスク分析，さらには格付け会社が格付けを行う際に，過度に既存のモデルに依存し，人間のアナリストが自分自身の頭で考えることを怠ることの危険性について指摘した文献として，Adelson, Mark "What a Coincidence? One Reason Why CDOs and ABS Backed by Aircraft, Franchise Loans, and 12b-1 Fees Performed Poorly in 2002" May 19, 2003, Nomura Fixed Income Research, Nomura Securities International, Inc. をあげておきたい．この文書は野村證券の米国法人が刊行したレポートだが，本書執筆時現在，www.absnet.net および www.securitization.net の何れにも PDF ファイル形式で誰でも自由にダウンロードできる状態で掲載されている．

と，リスク回避型の投資方針を持っている．だから，いくら期待値が高くても，2％もの確率で投下した資金をすべて失ってしまうような行動は（すくなくとも主に信用力の高い債券を中心に運用対象としているごく一般的な証券化商品の投資家たちは）避けようとするはずだ．

それでは，同じような資産を千個集めてきたらどうだろう．個々の資産の1年後の換価価値が98％の確率で100万円，2％の確率で0円になる．資産間の相関は（とりあえず）無視して，ないと仮定[26]する．そうすると，資産千個の1年後の換価価値が0円になる確率はほぼ0％（2％の1000乗）になってしまう．そして，99％を超える確率で投資のペイアウトは9億7千万円から9億9千万円の間に収まることになる．期待値は9億8千万円だ．このような投資話を9億5千万円の価格でもちかけられたら，証券化市場の投資家は喜んで買うかもしれない．ただ，これでは，格付けを取得することは到底おぼつかない．額面の10億円が満額回収できる可能性はほぼゼロだからだ．世の中の債券投資家は，国債や社債と同様に，証券化商品についても，ある程度以上の高い確率で額面が満額償還されることを期待するのが現実だ．

優先劣後構造

そこで登場するのが，優先劣後構造である．前出の投資話に参加できる権利を優先と劣後とにわけてみよう．優先持分は9億円で参加できる．ただし，ペイアウトは9億円止まりとする．ここでは金利も期待リターンも無視して，元本だけを考えて欲しい．資産からの回収金が9億円を上回る部分は，劣後持分を持っている人に分配される．劣後持分は5千万円だとしよう．優先持分を持っている人には，ほぼ100％に近い確率で9億円満額が返ってくる．劣後持分のペイアウトの期待値は8千万円だが，実際のペイアウトが投下額の5千万円を下回る可能性も少なからずある．優先劣後構造をもって，同じ資産を裏付けに，ローリスク・ローリターン型の投資商品と，ハイリスク・ハイリターン型の投資商品を切り分けて作ることができる．この優先持分なら，格付け会社か

らかなり高い格付けを取得できそうだ．優先劣後構造とは，リスク（たとえば，信用リスクに起因する損失）を負担する順番を決めておくことだと結論付けることができよう．それは，事業会社や金融機関の資本・負債構造に似ている．会社を清算するときに，残余財産の分配順位は優先債務，劣後債務，資本（株式など）の順になろう．しかし，事業会社や金融機関は，優先債務よりも劣後債務を先に弁済してしまうことも多々ある．証券化取引においては，優先債務が完済されていないうちに劣後債務を弁済することは禁止されるか，認められる場合でも，厳格なルールが定められ，その範囲内でしか劣後債務の弁済が認められない．このため，証券化商品における優先劣後構造（SPV の資本・負債構造における優先順位と言い換えてもよい）はより厳密なものになっているといえよう．

コラム③ 証券化商品に対する複数格付けの意義再考

　海外では，2社以上の格付け会社から格付けを取得するのが一般的になっているのに対し，日本では単一の格付け会社から格付けを取得する証券化商品が多い傾向にある．日本の証券化商品は平均して1.6社の格付けを取得して発行されている（金額ベース，2003年第3四半期，ドイツ証券による調査）．一方で，2社の格付けを取得することが一般的な米国では「マルチプルレーティングス（複数格付け）」という場合，2社ではなく，3社の格付け会社から格付けを取得することを意味する．

セカンドオピニオン（異なる見解）が得られるか

　単一の格付け会社から格付けを取得するよりは，複数の格付け会社から格付けを取得することで，投資家にとってセカンドオピニオン（異なる見解，異なる視点からの分析）に触れる機会がもたらされることを期待したい．しかし，現実には，複数の格付け会社から格付けを取得した案件は格付け水準が横並びで，格付け意見としてもほとんど同じことが書いてある場合が目に付く．

3社がトリプルAに格付けしてデフォルトしたABS

　米国の家具割賦販売債権を証券化したABS, Heilig-Meyers Master Trust Series 1998-2 のClass Aは，発行当初から2000年8月のオリジネーター破綻を経て，2001年2月までの間，格付けが Aaa/AAA/AAA（ムーディーズ/S&P/フィッチ）であった．発行当初は3社の格付け会社からトリプルA格を取得していたこのABSは，2002年には利払いもできずデフォルトしてしまった．複数の格付け会社から格付けを取得することで，本当にセカンドオピニオンが得られるのだろうか．ある格付け会社が間違うときは，他の格付け会社も横並びで間違うということになっていないだろうか．

昔は覇気のある格付け会社が存在した

　昔の話だが，米国，カリフォルニア州サンタモニカの Fremont Financial Corporation（Fremont General Corporation の子会社）が中小企業向けローン債権の証券化を行った際，S&PがAAA，フィッチがAAAの格付けを行った Fremont Small Business Loan Master Trust, Variable Rate Asset Backed Certificates, Series A（発行日1993年4月8日）に対し，ムーディ

ーズが7ノッチも低いBaa1の格付けを行ったことがあった．

オリジネーターの信用力の影響を指摘

　ムーディーズの格付けが正しかったかどうか（おそらくBaa1という格付けはレベル的には低すぎたのであろうが）は別として，ムーディーズは格付けレポート（新発債レポート）の中で他の格付け会社が指摘あるいは強調しなかったリスクとして，セラー（オリジネーター）兼サービサーの信用力の影響を極めて強く受ける可能性を強調，オリジネーターが倒産した場合に裏付け資産のパフォーマンスが大幅に悪化する可能性を指摘していた．そのような覇気のある格付け会社は（ムーディーズを含め）21世紀の現代において存在しないように思える．

第 2 章
証券化商品のリスク分析と評価

第1節　内在するリスクの発見と評価

　リスクの所在に気付いていない人にリスクの指摘を行うことに対して「寝た子を起こすな」と批判的な態度を取る人もいるが，どんどん寝た子を起こし，目覚めてもらったうえで，そのリスクの評価についての議論を積み重ねるべきだと私は考えている．

　ところで，リスクの所在の発見はそれほど難しくないのだが，発見したリスクの評価は経験に基づく定性的な判断を要する，つまり熟練を要するように思える．信用リスクなどの社会的な現象にかかわるリスクの評価は，どうしてもサイエンス（科学）というよりも，アート（芸術，職人芸）的な要素があることは否めない．リスクの存在を発見し，それを指摘するのは，ある程度の知識があれば可能だろう．しかし，発見したリスクの計量化，つまり，どの程度の重要性があるのか，投資家の観点からは無視し得る程度のものなのか，ある程度経済的損失に繋がる形で顕在化し得るものなのか，という判断は，経験と熟練を必要とするように思える．証券化商品の投資家が負担する信用リスクは，裏付資産や仕組みに係るリスクが統合され加工されたものなので，その裏には様々な種類のリスクがある．難易度の高いことは，そのリスクを過大視することもなく，過小評価することもせず，バランスよく評価することであろう．これが熟練を要する理由である．審査部員や格付けアナリスト，クレジットアナリストなど，信用リスクを評価する立場の方は，ベテランは「初心忘るべからず，慢心を持つべからず」，初心者は「杞人の憂い（杞憂）を持つべからず」と自らに言い聞かせ，リスクを過大評価も過小評価もしない，バランスの取れた判断を心がける[27]べきではないだろうか．

デフォルトの発生事例がないことの意味

　デフォルトの発生事例がないことがクレジットリスクの不存在を意味しない．日本では現代的な意味合いにおける資産証券化が実際に行われるようになってから約10年を経た（2004年現在）．過去10年の歴史を振り返ってみても，格付けを取得して投資家に販売された証券化商品のうちデフォルトしたものはマイカルのみの信用力に依存した証券化商品に限られている[28]．しかし，これまでオリジネーター兼サービサーが倒産したケースを含め，デフォルトしなかったからといって，証券化商品にクレジットリスクが内包されていないことは意味しない．

　過去を振り返れば，日本リースおよび日本リースオート（1998年9月に会社更生手続きの開始申し立て）が倒産しても，これらの会社によるリース債権の証券化商品はデフォルトしなかったばかりか，格下げすら発生しなかった．また，信販会社のライフ（2000年5月に会社更生手続きの開始申し立て）の場合も同様に，オートローン債権を裏付けとした ABS は格下げにもならずに償還された．ライフの倒産の場合はコミングリングリスクの顕在化すら発生しなかった．

　資産を裏付けとする証券化商品は，倒産隔離などの措置が意図通りに働くとすれば，投資家に対する元利払いの原資は特定された資産が生み出すキャッシ

---

[27] 私のような若輩がこのようなことを書くことはおこがましいが，自分自身の過去の成長過程を振り返ってみて，初心者のうちはリスクを過大評価しがちではないかと感じた．そこで，私が常日頃親しいクレジットアナリストや格付アナリスト達数名に意見を聞いてみたところ，異口同言に初心者はリスクを過大評価する傾向があるという．ある程度普遍的な現象なのかもしれない．

[28] 社債の証券化商品（CBO）のエクイティ部分を除く．これは商品設計上，裏付け銘柄にかかる発行体の1社でも倒産すればデフォルトするため，当初から相当程度の確率でデフォルトすることは予想でき，デフォルトしても何ら不思議はない．これらは無格付けで発行されたが，格付けを敢えて取得すれば CCC レンジまたは B レンジになっただろう．ところで，驚くべきことだが，リース・クレジット債権の証券化商品（特定債権法上の小口債権など）は10年間（1993年から2003年まで）の累計で20兆円以上販売されており，その間，複数のリース会社などのオリジネーターが破綻したにもかかわらず，無格付けで販売されたものを含めデフォルト発生事例はない．中には設計上，コミングリングリスク100％になるもの，債権譲渡にかかる対抗要件の具備を留保しているものが多数含まれていることを考えれば，これは単に「幸運」だったと考えるべきだろう．

ュフローである．その資産を生み出した企業（オリジネーター）が倒産しても，資産がキャッシュフローを生み，その資金が投資家にまで流れるようになっていれば，投資家は引き続き利息の支払や元本の弁済を受けることが可能だ．

　資産証券化とは，担保付き融資との差別化を意図する取引である．企業が株主などの出資者ではなく，債権者から資金調達しようとした場合に，無担保で借入れる（社債発行を含む）ことも可能だし，債権者に担保を提供して借入れることも可能だろう．しかし，米国や日本など債務者保護を重視した倒産法制度を持つ国では，債務者が倒産した場合に担保権者による担保処分可能性に制限がある．たとえば，日本では，債務者が会社更生手続きを行えば，担保付債権は原則として更生担保権として更生計画に沿った回収しかできなくなる．資産証券化は，資金調達を行おうとする企業が借入れを起こし債務者となるのではなく，保有する資産を別の器（信託や特別目的会社）に売却することが基本となっている．企業が倒産しても，債権者は裏付けとなる資産から回収を図れる仕組みとして考案され，利用されてきた．

　しかし，債権者にとって単に担保付き債権よりも優先度が高い債権を提供する（いわば「スーパーシニア」の「セキュアードファイナンス」）ばかりが証券化の意図するところではない．証券化の仕組みを通して，同様の資産をオリジネーター（企業）が保有し続けた場合よりも，より有利に資金調達に利用できる．資産証券化の過程は，まずはプロファイルを明確化し，債権者（投資家）が負担するクレジットリスクの評価を行ううえでの不確実性を減少させること，そして，資産のプーリングによる分散効果や信用補完措置をもってクレジットリスクを中心としたリスクを加工し，分解して移転することを含む．例えば，社債に格付けを取得すればシングルB格となる信販会社が，クレジット債権を証券化することで，ABSにトリプルA格を取得することが可能である．高い格付けは不確実性が小さいことに対する評価の反映と考えることができる．

コラム④　証券化における当事者リスク

　同じ材料と同じ調理器具や調味料を使っていても，料理人によっては料理の出来栄えに顕著な差が生じる．同じことは証券化商品についても言えるのではないだろうか．

　これまで日本では証券化商品に関する重要なトラブルが表面化したことはないようだが，同種の資産を裏付けにした同水準の格付けの証券化商品であっても，誰が設計したか，誰が受託者やSPCの管理会社になっているのか，といった当事者・関係者によって品質に差異が出てくる可能性は認識しておきたい．

　商品設計段階において，いかに緻密かつ実務的な支障が出ないような回収・支払サイクルや各種条件を作り込みそれを関連契約書に正確に反映させていくか，ダイナミックエンハンスメント（動的な信用補完）など投資家を保護するメカニズムをどのように設定するか，サービシングレポートの様式ひとつとっても，エラーを防止し，いかに容易に監視が働くように作り込むかといった細かな工夫とその巧拙．そして，誰を受託者やSPCの管理会社として起用するか，そして，彼らにどのような契約上の義務を負わせるかという点は注目しておきたい．関連契約書が緻密に作り込まれている場合と，雑に作られている場合とでは，トラブルの発生可能性も自ら異なってくるであろう．これは必ずしも担当弁護士のリスクではない．なぜならば，契約書に盛り込む数字，金額，その他の商業的な条件については弁護士のチェックは効かないし，そもそも証券化の実務を熟知したアレンジャーでなければ妥当かどうかを判断できない類のものである．

　同一内容の信託契約を用いていたとしても，受託者が異なれば，事務ミスの発生可能性が異なるだろうし，重大なトラブル（たとえば，サービサーが倒産し，サービサー交代の判断を迫られる場合など）が発生した場合にいかに迅速にかつ投資家（受益者）の利益にかなう的確な行動を起こすかについても異なる可能性がある．

　アレンジャーや受託者，SPCの管理会社，バックアップサービサー，社債管理会社などの重要な当事者・関係者は誰でも良いと判断するのは危険ではないだろうか．費用の安さだけを基準に誰を起用するかを決定して良いのだろうか．コストだけではなく品質も重視したい．もっとも，その品質の差異は判断付け難いが，重大なトラブルが発生してから初めて当事者の違いによる品質の差異に気付くようでは遅すぎる．市場参加者が当事者の違い，そして，それに

起因する証券化商品の品質の差異を見抜く目を持つことを期待したい．

　証券化商品は料理にたとえるより，数多くの部品をうまく設計し，製造し，組み合わせてはじめて機能する精密機械にたとえた方が適当かもしれない．数多くの当事者が数多くの契約関係に入り，それぞれがそれぞれの役割をきちんと果たすことで，はじめて想定した通りに全体の仕掛けが動く．しかし，精密機械はまれに故障することがある．証券化商品にも何らかのイベントが降りかかってくることがある．予想外のことが起きたり，あるいは，予想の範囲内のことであっても誰かの決断や行動を要求するイベントが起きる場合もある．故障が発生する可能性の大小，そして，故障が発生した場合に，短時間で合理的な修理がなされる蓋然性，それが証券化商品の品質の違いにつながっているのではないだろうか．

第2節　証券化取引に内在するリスクの種類

　証券化取引に内包されているリスクにはどのようなものがあるだろうか．
　まずは，原資産（裏付資産ともいう）にかかるリスクがある．原資産が金銭債権である場合，満額回収できず，一部未回収になってしまう貸倒れ・回収不能のリスク，期日通りに回収できない延滞・回収遅延のリスクがある．不動産や航空機のように市場価値に依存する資産の場合は，その市場価値（担保価値とか換価価値と考えても良い）が予想以上に下落するリスクもある．つまり，裏付資産が劣化する可能性があるということだ．
　次に，法的枠組みの確実性が損なわれるリスクがある．証券化は一般的に倒産隔離を意図して作り込まれるが，オリジネーターが倒産した際に管財人などが取引の法的再構成を試みる可能性がある．もしこのような挑戦がなされた場合でも，真正売買が覆されないように準備しておくのが倒産隔離の意義なのだろうが，管財人等がそのような挑戦を行う動機を予めそいでおくのが真正売買の真骨頂だろう．
　さらに，仕組みの機能が損なわれるリスクがある．裏付資産は，それを回収し，または換価処分して現金化したうえで，投資家に元利払いの形で引き渡して初めて投資家に対する債務を履行したことになる．裏付資産が金銭債権の場合，サービサーがきちんと回収して，回収金を信託なり SPC に引き渡さなければ，投資家に支払う原資にはならないのだ．サービサーが倒産し，サービシング能力を喪失し，バックアップサービサーへの移行がなかなか進まないというリスクも考えられるだろう．これは関係当事者が倒産する[29]ことで，仕組みの機能が損なわれるケースだ．金銭債権の証券化において，サービサーが債務者から回収した資金を信託や SPC に引き渡さないまま倒産した場合に，裁判所の保全処分により引き渡せなくなり，回集金引渡請求権をサービサーの倒産手続きに沿って行使する以外にない状況が発生（つまり，コミングリングリス

クが顕在化）する可能性がある．また，この場合に，サービサーを変更して，新しいサービサーがその後の債権の管理・回収にあたる場合に，回収が正常化するまでにある程度の時間がかかる可能性がある．サービサーが債権回収を行った後に回収金をタイムリーにまたは満額は引き渡せないリスクをコミングリングリスクというが，サービサーの信用力や回収金の引渡頻度，バックアップサービサーの準備体制などを勘案のうえ，これに対応するために追加的な信用補完が設定されたり，流動性補完措置がとられる．流動性補完措置とは，回収が滞るなどで一定期間資金の流入が止まっても，証券化商品にかかる経費と利払いは継続できるようにしておく措置であり，ほとんどの場合に現金準備（信託やその他仕組みの中で現金―実際には流動性預金や銀行勘定貸し―を一定額用意しておくこと）が用いられる．多くの場合，証券化商品の設計段階で，格付けを行う格付け会社が最低限必要な信用補完水準や流動性補完措置を提示するが，格付け会社の要求水準を上回る措置を講じた証券化商品も少なくない．

ところで，証券化商品への投資を検討する際には，リスクをどう考えれば良いのだろうか．リスクを負担する見返りとしてのリターンを享受しようとするのが投資行動である．従って，リスクと予想されるリターンとの比較の観点で意思決定するべきであり，リスクがあってはならないという考え方は，現実的ではない．たとえば，国債を買っていれば，信用リスクを負担せずに済む（これには異論もあろうが，一応，国債は信用リスクのない「リスクフリー資産」だと仮定しよう）と考えても，国債を買うことで，金利リスクを負担することになっているのだ．投資判断においてあるリスクを飲み込むことは，リスクに

---

29 サービサーが破綻した場合に必ずしもサービサーを解任しサービサーを交代させることが最善の策ではない場合がある．すでに我々は1998年9月，日本リースおよび日本リースオートの倒産（会社更生手続き開始の申し立て）および2000年5月，ライフの倒産（会社更生手続き開始の申し立て）から良い教訓を学んでいる．何れのケースも，ABSのオリジネーター兼サービサーが会社更生手続きの申し立てを行ったものの，営業は継続するなど，債権の管理・回収能力が維持されることが見込まれたうえ，更生会社となったオリジネーターはABSのサービシングを継続する意思を有していた．このようなケースであれば，オリジネーターを引き続きサービサーとして起用した方が債権の回収効率が高いことが期待できよう．無理して他の会社にサービシング業務を引き継がせた場合，オリジネーターが引き続きサービシングを行う場合に比べコストが上昇する，あるいは，口座振替の移転により一時的に初期延滞が多発するなどの悪影響も覚悟しなければならないからだ．

対して目をつぶることであってはならない．リスクの本質を理解したうえで，その経済的インパクトが無視し得る程度に小さいというリスク判断を行った結果か，もしくは，無視し得る程度に小さくはないものの，そのリスクを負担する見返りとしての期待リターンが十分であるというリスク・リターン評価を行った結果であるべきだ．

資産にかかるリスクとその評価

　証券化はリスク加工の技術でもある．証券化という仕組みを通して様々なリスクの集積，加工，分割，移転が行われる．証券化商品の信用力分析においては，対象資産の分析に加え，法的なリスク，実務上のリスク，マクロ経済的な環境などを検討したうえで，総合的に判断する必要がある．なかでも，投資家に対する元利払いの原資が裏付け資産が生み出すキャッシュフローであることから，資産が生み出すキャッシュフローを予測することは分析過程において非常に重要な要素となる．そこで，金銭債権を例としてとりあげ，原資産の信用リスクを考えてみたい．

　非常に多数で概ね均質な金銭債権のプールにおける貸倒れや中途解約の発生を推測するには，過去のパフォーマンスが非常に参考になる．クレジット債権や消費者ローン債権，リース債権などを証券化しようとするオリジネーターは，アレンジャーや格付け会社からヒストリカルデータ，つまり，同種の債権の過去における回収，延滞，貸倒れ，中途解約状況がわかるデータの提出を求められる．

　資産が生み出すキャッシュフローを予測する際に，過去のパフォーマンス分析は重要な手がかりを与えてくれる．データを解釈し，分析するには，データに含まれる季節要因，マクロ経済要因，顧客層や審査基準などオリジネーター固有の要因を考慮に入れる必要がある．証券化対象債権の抽出母体集団や類似するプールの過去のパフォーマンスを分析することは，将来予測を行う上での通過点に過ぎないものの，信用力分析において重要な過程となる．証券化しよ

うとするプールの特性を良く示すと思われるプールないし抽出母体となるポートフォリオのヒストリカルデータを分析するのが有効である．証券化しようとする資産と類似する資産で，オリジネーターおよびサービサーが同一であるもの[30]および業界全体の類似する資産に関するデータが十分に得られることが理想的だろう．

そのデータを分析し，まずは過去の傾向をつかむ．しかし，判断しなければならないのは，今後のパフォーマンスなので，最近の実績の平均値をそのまま将来の予想値として使う（これを単純予想という）ことが常に良いとは限らない．ヒストリカルデータの対象となっている債権プールと，これから証券化しようとする債権プールに質的な差異はないのか，過去と今後においてマクロ経済的な環境に差異はないのか，といった点を加味する必要がある．

最近では貸付債権の証券化において，個別の（原）債務者の信用力を評価することがひろまりつつある．もっとも，数百社から数千社の債務者の借入債務に格付けを付けたり，人間のクレジットアナリストが1社1社を精査して格付けと同様の評価を行うのは非常にコストと時間がかかるプロセスになってしまう．したがって，日本で2002年以降，しばしば用いられるようになった手法が，統計的なデフォルト率（または倒産確率，または格付け）推計モデルを用いるもので，多くの会社が既にそのような統計モデルを開発し，商品化している．日本リスク・データ・バンク株式会社が運営するRDB，RDBを利用したスタンダード＆プアーズの中小企業クレジットモデル，ムーディーズの子会社，ムーディーズKMVのリスクカルクなどが実際に2002年以降中小企業向け債権証券化の現場で用いられてきた．また，中小企業庁がイニシアチブをとり，CRD運営協議会によって構築運営されているCRD（中小企業信用リスク情報データベース）も今後は証券化に活用されるだろう．ただ，このような定量的モデルを用いた中小企業のデフォルト確率（あるいは倒産確率）の推計をどの

---

30 同一のオリジネーターが同一の審査基準をもってオリジネートした債権であっても，住宅ローンにおける商品種類別（新規か借換えローンか），オートローンにおける新車と中古車別，あるいは，分割回数別などで，相当に異なったパフォーマンスを示すことがある．

程度信頼して良いのかについて，十分なコンセンサスの形成にいたっていない．推計と実績の比較研究など様々な形での検証作業を地道に積み重ねて信頼を得ていくしかないだろう．

仕組みにかかるリスクとその評価

　法的枠組みのリスクも十分に検討しなければならない．法的な観点での解釈や法的リスクについては，弁護士などの法律専門家の意見を聴取し，しばしば取引の完結にあたって，オリジネーターやアレンジャーは有力弁護士から法律意見書を取得する．しかし，法的なリスクは，しばしば，資産のリスクのように統計的な手法で評価できるものではないので，究極的には極めて定性的な判断をもって評価しなければならない．法律意見書に書いてあることは，ある前提を置いたうえでの弁護士による意見に過ぎないし，異なる意見が存在する場合もある．対象になっている取引について争いが起きない保証はなく，訴訟になった場合に裁判所が法律意見書に書いてある説に基づく法解釈をして司法判断を下してくれる保証もないのだ．

　ところで，詐欺リスクはどう考えるべきだろうか．詐欺リスクは証券化商品に限定されず，企業が発行する社債の場合も同様のリスクが存在する．オリジネーターや発行体が投資家を騙そうとする可能性はないのだろうか．証券化を行うにあたって，アレンジャーや格付け会社は，引受審査あるいは調査分析のためにデューデリジェンス[31]と呼ばれる手続きを踏む．デューデリジェンスは広範に及ぶが，その一環として会計士などの専門家を用い，調査検証手続きについて合意したうえで開示情報や裏付資産についてチェックを行う[32]ことがある．そこでは証券化対象資産の実在性やデータの信憑性について調査するために，無作為に選ばれたサンプルについて契約書の記載事項を確認したり，オリ

31　デューデリジェンス（精査）ということばは重たすぎるためか，単にレビューと呼ばれることもある．
32　これを合意に基づく検証手続き（agreed-upon procedures）という．

ジネーターの基幹システム上のデータと照合したりする．これらの手続きには様々な目的があるが，そのひとつがオリジネーターあるいはサービサー（ほとんどの場合にオリジネーターとサービサーは同一企業だが）による事務ミスや詐欺のリスクによって投資家や引受業者が損失を被ることを未然に防止するというものだ．しかし，どれだけ精査を行っても，事務ミスや詐欺の可能性を完全には排除できない．調査を受ける側に明確な悪意があって，架空の資産の証券化や，同一の債権の二重譲渡・多重譲渡を行おうとすれば，外部からのチェックでは簡単に判明しないような巧妙な工作をすることも考えられる．疑いはじめるときりがないのだが，実際には，デューデリジェンスを行うアレンジャーや格付け会社は，手続きの結果だけをもって満足しているのではないと思われる．公には言わないかもしれないが，経営者の人格や哲学，企業規模や社歴，社内の組織や力関係などをもとに，その企業に不正やミスが発生しやすい環境があるかどうかをきわめて定性的に評価しているのではないだろうか．また，どこまで人間性悪説に立つのか，オリジネーター等の企業が提出する情報をどこまで信じてどこまで疑うのか，という問題は，常識人としてバランスのとれた判断をすることで割り切らざるを得ないのだろう．あらゆる可能性をリスクとして考慮し，それをすべて完全に排除しなければならないと考えるのは行き過ぎだし，そもそもそれは不可能，ないものねだりだ．バランス感覚のある常識的な判断を行い，どの程度のリスクであれば許容できるのかということを考える必要がある．

第2章 証券化商品のリスク分析と評価 65

コラム⑤　証券化と会計情報

会計処理と倒産隔離の関係

　資産証券化に関する会計基準は，米国，国際会計基準，日本それぞれに別個に変遷してきており，現在も変化を遂げている最中であるが，会計基準の変化により，従来はオリジネーターにとってオフバランス処理できていた資産証券化取引がオンバランスになるケースが将来的には多々出現するだろう．法的な議論である倒産隔離の要件として会計上の扱いを重視するのは本来あるべき姿ではないだろう．しかし，比較的法形式を重視する会計基準が運用されている現在の日本においては，会計上，オフバラかオンバラかの違いが，オリジネーター倒産時に更生債権者等の利益を考えて行動する管財人の思考や行動に影響を与える可能性は否めない．

日本独特の不動産証券化の会計基準

　日本では，不動産の証券化に関して，「リスク負担割合が概ね5％以内か」否かで売却として会計処理するか，金融取引として会計処理するかの基準（不動産の流動化に係る実務指針[1]における，いわゆる「5％ルール」）があり，一般的には，オリジネーターが負担する最劣後部分が5％以内かどうかで判断されているようだ．しかし，エクセススプレッド（超過収益）を債務の弁済に充て，現金準備として留保するような証券化のウォータフォールの仕組み次第では，最劣後部分が必ずしもファーストロスを吸収するものではない場合がある．この場合において，追加的な信用補完効果となっているエクセススプレッドは資産が生み出している収益なのか，それともオリジネーターが負担しているリスクなのかを判断するべきである．特殊なケースを除き，エクセススプレッドは資産が生み出す収益だという結論になるだろう．

格付け会社ムーディーズが明らかにした格付けの視点

　ムーディーズは2002年9月4日付けで『日本における不動産証券化セール＆リースバック型案件の分析手法』と題するスペシャルレポートを発表，その中で「オリジネーター/売主にとってオフバランス取引となるか否か（中略）会

---

[1] 平成12年7月31日付け公表の会計制度委員会報告第15号「特別目的会社を活用した不動産の流動化に係る譲受人の会計処理に関する実務指針」

計上の問題であり，（中略）資産譲渡に関する唯一の決定要因ではないと考え」ることを明らかにした．これはいわゆる不動産証券化にかかる5％ルールを意識したコメントかも知れないが，資産がSPCなどに売却され，オリジネーターの債権者や管財人が手を出せないような状況にある（つまり，真正売買が成立していると考えられる）場合でも，今後は，会計上はオリジネーターのバランスシートに資産計上されるケースが増えることが予想される．資産証券化については，格付け会社の見解が市場で重視される傾向があり，格付け会社がこのように文書の形で明確に見解を公表することは歓迎したい．

消滅した劣後割合30％基準

金銭債権の証券化の場合，累計で1％も貸倒れが発生しないような新車を対象としたオートローンと，年率8％（平均期間5年とすれば，累積で40％）貸倒れが発生するような無担保消費者ローンでは，投資家が（あるいは，格付け会社が）要求する貸倒れに対するバッファーの量が大きく異なるはずだ．更に議論を複雑にするのは，最近のABSの場合，劣後割合を大幅に超える貸倒れが発生しても，ABSはデフォルトしないばかりか，オリジネーターが保有している劣後受益権の元本も毀損しない場合があるということだ．米国では，民間ベースの住宅ローン証券化案件では，発行時の劣後比率は小さいが，当初5年間程度は劣後部分の償還は行わず，エクセススプレッドも使ってシニア債を償還することで，劣後比率を上昇させるという構造が一般的である．当初劣後比率が3％であっても，その比率を大きく上回る貸倒れが発生しても耐えられる場合がある．

劣後割合の絶対水準にそれほど意味がないこと，劣後割合と信用補完比率は異なるということ，そして，どの程度の信用補完が必要になるかは資産の質に大きく左右されるということは，資産証券化に携わっている実務者にとってはどちらかというと常識に近い．それにもかかわらず，劣後割合を真正売買の基準のひとつにされることは違和感を覚える．以前，日本では，資産証券化が真正売買であり担保付き借入ではないという基準のひとつとして，劣後割合が30％を超えないことというのが「暗黙の了解」として存在していた時期がある．もっとも，最近では，劣後割合の絶対値が議論の対象になることはなくなった．唯一，劣後割合が議論されるのは，不動産の証券化に関する実務指針で「5％」という数字が挙げられているところだけだろう．その実務指針に関して，見直される可能性があるとの報道がなされた（2002年11月28日付け日経金融新

聞）．今後の展開が気になるところだが，日本においても，米国（FAS）においても，国際会計基準（IAS）においても，資産証券化の会計処理は，法的な所有権ではなく，異なる観点からの基準が導入されつつあるのが最近の潮流である（たとえば，前述の日本の実務指針以外に，米国のFAS 66，FASB 140，国際会計基準のIAS 39改正案）．

将来的には，オリジネーターのバランスシートに資産計上されているか否かと，法的に倒産隔離されているかどうかは完全に別問題として考えねばならなくなる時期が来るだろう．

なお，日本の会計基準では，ファイナンスリースが賃貸借処理できるため，リース会社が（当初からオフバランス資産である）リース料債権を証券化しても，リース物件はオリジネーターの貸借対照表上の賃貸資産として計上され続けるという点が問題として指摘されることもあった．これはむしろファイナンスリースが賃貸借処理できるということが特殊だと考えるべきだろう．賃貸借処理する以上，リース料債権の証券化は，会計上は不動産を売却せずに将来の賃料収入だけを売却するのと同じになる．今後，リース会計基準も見直される可能性があり，数年後にはファイナンスリースの賃貸借処理ができなくなる可能性もあるだろう．

第 3 章
格付け会社の役割と格付けのプロセス

第1節　証券化における格付け会社の役割

　格付け[33]は20世紀初頭に米国で発生した．信用リスクに対する評価をわかりやすい記号で表示するのは，1909年にムーディーズの創設者のジョン・ムーディーが発刊した『鉄道債マニュアル』の中で鉄道債の信用リスク評価を単純な記号で表示したのが始まりと言われている．日本では1979年に新聞社系の日本公社債研究所（JBRI），1985年に中央省庁主導で複数の金融機関が出資する日本格付研究所（JCR）と日本インベスターズサービス（NIS）が設立された．なお，1998年にJBRIとNISは合併し，現在の格付投資情報センター（R&I）となる．米国では自然発生的に出現した格付けだが，日本ではごく最近まで官主導の色彩が強かった．実際，1986年から1996年までの間，日本では，格付けは事実上の適債基準として機能していた．

　現在では，米国や日本に限らず，多くの資本市場で，格付けはひろく普及し，利用されている．格付けとは，信用リスク分析を専門にする民間企業がわかりやすい記号に集約して表明する信用リスクに対する評価であり，ひとつの意見だと理解しておきたい．格付けの役割は，資本市場における情報の非対称性によって引き起こされるコストの削減にあると結論付けられるだろう．

　債権者が企業に投下した資金を，約定通りに回収できなくなるリスクが信用リスクであり，信用リスクの大小を判断するのがクレジット審査であり，信用格付けだと考えられる．それは，約束通りにお金を返してくれる確率を予想することでもある．信用リスクの評価を商品にしている格付け会社は，その程度の差を格付け記号に集約して意見を表明している．格付け会社は，信用リスクの評価を行う職業人（プロフェッショナル）としてのクレジットアナリストの集団だとも考えられる．

33　格付けについて論じる著書は多いが，多角的に論じたものとして，森脇彬編『現代格付論』税務経理協会，2000年．

第3章　格付け会社の役割と格付けのプロセス　71

　しばしば格付け会社は「格付機関」とも呼ばれ，権威のある公的な機関であるかのように誤解される場合もあるが，格付けは信用リスクに関する民間企業[34]による意見だということは忘れないでおきたい．

　日本では格付けが絶対視され，神格化されていた時期があった．山一證券が破綻した1997年からの1，2年間は，数多くの格付けに関する本が出版され，女性週刊誌にまで格付けが登場し，格付けは権威のあるもの，そして，格付け会社や格付けアナリストが全知全能の神様だと思われていたフシがある．しかし，2000年頃からはそういう格付けを過度に神聖視する風潮もなくなり，2001年のエンロンとワールドコムの破綻，2002年のムーディーズによる日本国債のA2への格下げを経てからは，格付けが公に批判されることもめずらしくなくなってきている．

　日本における証券化商品に対する格付けは，リパッケージ債を除けば，1994年11月に発行された日本信販がオリジネートしたオートローン債権を裏付けとするABSにムーディーズとS&PがそれぞれAaaとAAAという最上位格付けを付与したのが最初のケースだ．日系の格付け会社よりも早い時期から東京にストラクチャードファイナンス格付け要員を配置していたことや，初期の日本のABSは海外市場で海外の投資家を対象に販売されることが多かったため，ムーディーズとS&Pの2社が日本におけるストラクチャードファイナンス格付けで他社をリードし，それから10年近くを経た現在もなおこの2社が大きなシェアを維持している．本書執筆時現在で，日本の証券化商品に対して

34　格付け会社は各社とも民間企業であるが，その生い立ちを知っておいても良いだろう．米国系の格付け会社は20世紀初頭に純粋な民間のビジネスとして自然発生したが，日本の格付け会社の一部は官主導で金融機関の出資により1985年に設立された．日本格付研究所（JCR）は日本長期信用銀行（現在の新生銀行），東京銀行（現在の東京三菱銀行）信託銀行，生損保など，日本インベスターズサービス（NIS，1998年にJBRIと合併，現在のR&Iとなる）は日本興業銀行，日本債券信用銀行（現在のあおぞら銀行），都銀，地銀，主要証券会社の出資を得て設立されたが，その背後には大蔵省の国際金融局および証券局の働きかけがあったといわれている．後にNISと合併した日本公社債研究所（JBRI）は1975年に日本経済新聞社の内部組織，公社債研究所をその母体とするメディア系の格付け会社であり，その点で米国のS&P（McGraw Hill Companiesの一部門）と共通性がある．日本人にはどうも「官」は権威があり正しく，「民」はそうではない，と思い込む習慣があるが，所詮，格付けは信用リスクを評価するビジネスであり，官だから正しいとか民の方がビジネスとして生き残りを掛けるからより正しいといったことは一概に言えず，その妥当性，有用性は，格付けの利用者である資本市場の参加者が評価するべきである．

図表3－1　証券化商品発行時格付け分布（単位：億円）

2002年1月-12月

	S&P	Moody's	R&I	Fitch	JCR	
AAA/Aaa	19,636	23,065	12,051	4,309	1,639	76.5%
AA+/Aa1	105	620	0	0	0	0.9%
AA/Aa2	1,506	1,814	188	584	0	5.2%
AA-/Aa3	365	235	1,550	1,500	0	4.6%
A+/A1	1,515	30	0	0	0	1.9%
A/A2	961	1,628	1,206	236	69	5.2%
A-/A3	800	0	20	0	0	1.0%
BBB+/Baa1	99	280	0	0	0	0.5%
BBB/Baa2	554	784	112	299	19	2.2%
BBB-/Baa3	17	377	0	17	0	0.5%
BB+/Ba1	258	124	0	84	0	0.6%
BB/Ba2	140	399	62	20	0	0.8%
BB-/Ba3	0	0	25	0	0	0.0%
B+/B1	0	0	0	0	0	0.0%
B/B2	4	4	0	0	0	0.0%
B-/B3	0	0	0	0	0	0.0%
Total	25,961	29,359	15,215	7,050	1,727	47,146

2003年1月-9月

	S&P	Moody's	R&I	Fitch	JCR	
AAA/Aaa	14,732	10,603	7,423	2,525	437	78.2%
AA+/Aa1	0	400	235	400	0	2.3%
AA/Aa2	1,513	1,562	85	126	0	7.2%
AA-/Aa3	76	195	112	83	83	1.2%
A+/A1	110	380	0	0	0	1.1%
A/A2	412	765	567	377	41	4.7%
A-/A3	285	64	45	0	0	0.9%
BBB+/Baa1	300	19	0	0	0	0.7%
BBB/Baa2	468	273	23	216	0	2.1%
BBB-/Baa3	4	454	0	4	0	1.0%
BB+/Ba1	0	16	0	12	0	0.1%
BB/Ba2	35	100	12	6	0	0.3%
BB-/Ba3	7	7	0	0	0	0.0%
B+/B1	3	3	0	0	0	0.0%
B/B2	22	12	11	22	0	0.1%
B-/B3	0	0	0	0	0	0.0%
Total	17,967	14,851	8,512	3,770	561	29,645

注：各格付け会社が格付けを発表した債券の発行額を格付け別に合算した値を　もとに比重を算出した．短期格付けは除外．
出所：ドイツ証券会社証券化商品調査部

格付けを行っているのは，ムーディーズ，S&P，フィッチの外資系3社，R&IおよびJCRの日系2社の合計5社となっている．

　ところで，格付けのひとつの役割は，相当に異質である信用リスクを，同一の格付け記号体系で表現し，直接に比較できるようにすることだろう．日本の製薬会社A社の社債と，米国の自動車会社B社の社債（つまり，業種や国が異なる）や，事業会社と金融機関，更には証券化商品など（つまり，セクターが異なる），債券や類似の金融商品に内在する信用リスクの程度の比較を同じモノサシでわかりやすく表現して欲しいと誰もが期待したいところだ．異なるセクターであっても，同一の格付け記号体系をもって格付け会社は格付けを発表しているため，ついつい，その期待は現実だと思い込んでしまいがちだ．現実には，異なる業種や異なるセクター間で格付けの水準を揃えることは，たやすいことではない．また，格付け分析の現場でも，高度に専門化され，同一の格付け会社内でも，事業会社の格付けを行う部門，金融機関の格付けを行う部門，証券化商品などストラクチャードファイナンス格付けを行う部門が組織的に分かれている現状をみても，異なるセクター間に格付けの整合性や水準調整を行うことは，理論的に困難を極めるだけではなく，格付け会社の現状を見れば，現実的にもハードルが高いように思える．格付けを利用する際に心がけたいのは，異なるセクター間の格付けを横に並べて比較してもあまり意味がないということだ．たとえば，日本国債とトヨタ自動車債と東京電力債を格付けで比較してもあまり意味がないだろうし，トリプルA格を取得している消費者ローンABSや不動産証券化案件のシニアクラスが（外資系格付け会社の場合に）日本国債より格付けが高いからといって，日本国債よりもデフォルト率が低いと考えるべきではないだろう．一部の格付け会社は，タテマエ論として「異なるセクターの格付けであっても，同一格付け記号で表現していれば，同水準の信用リスク」と言いたがるだろうが，それは，理想論あるいは今のところは達成されていない遠い目標に過ぎないと認識するべきだろう．

コラム⑥　住宅金融公庫債が国債より高い格付けを取得できる理由

　S&Pによる日本国債の格付けはAA−（ネガティブ）（2003年11月末日現在）であり，他の財投機関債の格付けを見ると，国際協力銀行，日本政策投資銀行ならびに公営企業金融公庫が国債と同水準のAA−，日本道路公団が1ノッチ下のA+となっている．住宅金融公庫パススルー型MBSは財投機関債としては唯一，国債を上回るAAA格となっている．しかし，単にモーゲージ債券だから格付けはトリプルA格であり，クレジットリスクは考慮する必要がないと考えるのは短絡的ではないだろうか．格付け会社のAAA格の格付けが妥当なものかどうか，仕組みを十分に理解した上で判断する必要があるだろう．

資産担保型財投機関債の仕組み

　住宅金融公庫は2001年3月以来，担保付き財投機関債の形をとるパススルー型MBSを反復継続的に発行している．この債券は，発行体が直接的に元利払いの義務を負う債券という側面と，住宅ローン債権信託に支えられた資産証券化商品としての側面をあわせもつ，いわばSB（普通社債・債券）とABS（資産証券化商品）のハイブリッド商品といえよう．

　パススルー型MBSの仕組みを簡単に復習しておきたい．まずは，住宅金融公庫が自ら保有する住宅ローン債権の中から，一定の基準を満たしたものを抽出し，信託銀行を受託者として信託設定する．なお，2004年（2003年度後期）発行分からは，信託財産には，自ら貸付けを行った住宅ローン債権（いわゆる直接融資）と，民間金融機関等が一旦貸付けを行い，それを直ちに住宅金融公庫が買取った住宅ローン債権（いわゆる「買取り型」）が混在することとなる．直接融資型については，財団法人公庫住宅融資保証協会（以下，保証協会）が連帯保証を行っているが，買取り型については第三者の保証は付いていない．

　信託契約は他益信託の形式をとり，受益者はパススルー型MBS保有者の集合とされる．住宅金融公庫はこの信託受益権を裏付けとして債券を発行する．住宅ローンの債務者が住宅ローンについて4ヶ月分以上の支払いを延滞した場合は，住宅金融公庫は信託債権の差し替えを行うことができるオプションを有しており，いまのところ，そのオプションは例外なく行使され続けている．

　受益権行使事由（後述）が発生しない限り，債券の発行体である住宅金融公庫が直接的に元利払いの義務を負う．元本償還は，裏付けとなっている住宅ローン債権信託受益権の元本の減少と同率で連動する．住宅ローン債権信託の元

本残高は，対応する債券の残高より多く，信託債権の残元本と債券の残高の比率（回号にもよるが，110％前後）が維持されるように月次の元本償還が行われる．前月の信託債権の回収状況を踏まえた元本償還額などが毎月25日に発表され，翌月10日（営業日でない場合は前営業日）に債券の元利金が支払われる．つまり，毎月10日に投資家に支払われる元本額は，その前々月1ヶ月間の住宅ローン債権の回収状況によって決定されている．住宅ローンは数千円の手数料で一部ないし全額の繰上げ弁済が可能であり，繰上げ弁済発生の多寡が債券の元本償還に大きな影響を与える．

受益権行使事由は資産証券化商品へ切り替えるトリガー

　発行体が債務不履行を発生させ，あるいは，株式会社化される場合には，受益権行使事由に該当し，債券は消滅し，投資家は信託受益権を確定的に取得して，信託の受益者として裏付け資産から回収を図っていくことになる．受益権行使事由としては次の4つが定められている．

1号事由：債務継承人が定められずに，住宅金融公庫（公庫）を解散する法律が施行され，公庫が解散した場合
2号事由：債務継承人が株式会社になるか，または会社更生法もしくは類似する倒産手続きの適用が可能な法人になる法令が施行され，公庫が解散した場合
3号事由：債券の債務者が株式会社になるかまたは会社更生法もしくは類似する倒産手続きの適用が可能になる法人になる法令が施行され，債券の債務者がそのような法人になった場合
4号事由：公庫が発行する債券について支払不履行が発生し，7日以内に治癒されない場合

　受益権行使事由は，発行体が株式会社になる等，会社更生法または類似の倒産手続きが可能になった場合に，担保権の行使が制限されるおそれがあるので，それが発生する前に投資家が担保を取得し，純粋な資産証券化商品に切り替えてしまうという趣旨で設けられている．そもそも倒産法上，他益信託の信託受益権が債券の「担保」とみなせるのかどうかという議論ができようが，ここでは保守的に「担保」であると考えよう．

単なる担保付債券ではない

　担保であれば，発行体が会社更生手続きに入った場合に，更生担保権となり，いつ，いくら回収できるかは会社更生計画次第となってしまう可能性が高い．現在のところ，会社更生法は株式会社にしか適用できないので，株式会社ではない特殊法人や独立行政法人への適用はあり得ない．そもそも住宅金融公庫のような公法人が破産能力があるか否かについては議論のあるところだが，保守的に破産能力があり，倒産法制の対象にもなり得ると考えてみよう．会社更生法や公正特例法は，発行体の法人形態を考えればあり得ないので，可能性としては破産法と民事再生法に基づく倒産手続きということになろう．破産や民事再生であれば，担保権者に別除権が認められているので，担保権は行使可能だ．もっとも，民事再生法の場合，法的には担保権の実行は中止命令および担保権消滅制度により妨げられる可能性がある．しかし，民事再生法の担保権消滅は，その財産が再生債務者の事業継続に欠くことのできないものであることと，当該財産の価額に相当する金銭の裁判所への納付を要件として，裁判所が許可した場合にのみ認められる．したがって，住宅ローン債権信託にかかる信託受益権の確定的な取得が担保権行使だとして妨げられる可能性はまず考えられないのではないだろうか．また，そもそも，特殊法人や独立行政法人を破綻処理する必要が発生したところで，破産法や民事再生法といった倒産手続きが用いられる可能性は現実的には考え難いといえないだろうか．つまり，信託受益権が担保だとしても，必要な場合に担保権を行使できる確実性は高く，信用力の見方としては，単なる担保付債券というよりは，資産証券化商品に近いと考えるべきであろう．

信用力の考え方と格付け

　担保権の評価は倒産法制とセットで考えるべきである．一般的に，格付け会社は同一の企業の債務であっても，担保付債務は無担保債務より高めに（ノッチアップ），劣後債務は優先債務よりも低めに（ノッチダウン）格付けする．ノッチアップ，ノッチダウンの幅は限定的であり，担保付きだからといって無担保債務の格付けを大幅に（たとえば，3ノッチ以上）上回ることは，格付け会社の慣行としてまずあり得ない．いくら優良な担保があったとしても，発行体が倒産した場合にデフォルトとなり，更には日本の会社更生法，米国の連邦破産法などが適用された場合に，担保権の行使が制限されることを考えれば，

担保付債務は無担保債務に比べてデフォルト確率には大差なく，回収率で差別化されると判断される．よって，担保付だからといって，無担保債務の格付けを大幅には上回り得ないと考えるのは納得がいく．しかし，住宅金融公庫のパススルー型 MBS の場合は，発行体の支払不履行はデフォルトにはならず，単に受益権行使事由になるだけである．更に，上述の通り，会社更生法の適用はあり得ず，仮に受益権が担保だとしても担保権の行使が阻害される可能性は考え難いことを踏まえれば，信託財産の質と量次第では，パススルー型 MBS の信用力は，住宅金融公庫の無担保あるいは一般担保付債務の信用力を大幅に上回り得ると考えるのが自然である．

今後，住宅金融公庫は廃止され，新設される法人（独立行政法人）に業務が継承されることになる．住宅金融公庫が発行する債券にかかる債務も資産を継承する独立行政法人に対応する負債を継承させるのが最も自然な対応であろう．その場合は，受益権行使事由には該当しない．また，旧国鉄債務を政府（国庫）が継承した場合のように，政府が継承する可能性も否定できないが，その場合も受益権行使事由には該当せず，いわば担保付の国債になるだけの話だ．受益権行使事由の1号事由，つまり，債務継承人を定めずに住宅金融公庫を解散してしまうリスクは，いわば住宅金融公庫の債務を踏み倒すための立法措置がなされるリスクであり，それは非常識な立法措置がなされるという政治リスクである．

第 2 節　格付けのプロセス

　証券化商品に格付けを取得するには，特に証券化対象資産としては新しい種類の資産である場合や，前例のない仕組みを用いるものであれば，商品設計の初期の段階で格付け会社を関与させ，格付け会社の意見を取り入れながら作業を進めていくことが事実上必須になる．なぜならば，企業の格付けと異なり，目標とする格付けを取得できるように証券化商品自体を作り込んでいくことが一般的だからだ．まだ具体的な条件が決まっていない段階で格付け会社と協議を開始するのはほぼ必須と言えるだろう．

　格付けの依頼者（オリジネーターである場合，あるいはアレンジャーである場合などがある）が格付け会社に正式に格付けを依頼すると，格付け会社は担当者を決定し，まずは案件のスケジュールと条件書（タームシート）案についての検討に入る．また，早い段階で裏付け資産にかかる情報（金銭債権であれば，同様の資産にかかる過去の延滞・貸倒れ状況など）の提出が求められるだろう．

　次に，格付け会社は，オリジネーター兼サービサーとのミーティングを求めるのが通常だ．場合によっては，受託者やSPCの管理者，さらにはバックアップサービサーなどの取引参加者にも同様のミーティングを要求することがある．このようなミーティングを「デュー・デリジェンス・ミーティング」または「オペレーショナル・レビュー・ミーティング」と呼ぶようだ．ミーティングでカバーされるトピックスは，オリジネーターの沿革，組織，決裁権限，営業戦略，証券化する資産に関する営業部門の過去の実績，今後の計画，与信審査方法の詳細，債権の管理回収方法の詳細，ITシステムの状況など[35]広範にわたる．格付け会社はこのようなミーティングや実査を通じて，定性的な判断材料を集めようとする．

　その後，証券化対象資産の分析（データを数値的に分析するにとどまらず，

定性的な評価も含む），仕組みとキャッシュフロー分析，法律問題や税務問題の調査を行う．担当アナリストは十分な材料が揃ったところで，格付け会社の内規に基づき格付け委員会（コミティー）を招集し，複数のアナリストによる議論を経て，多数決で格付けが決定される．格付けを申し込んでから格付けを取得するまでに要する時間はケース・バイ・ケースで，1週間の場合もあれば，6ヶ月以上かかる場合もあろうが，一般的には1ヶ月から3ヶ月の範囲が多いようである．格付けを依頼する側のテクニックとして，弁護士を依頼する場合と同様，担当者のスケジュールをある程度把握し，効率良く進められるような手配をすることである．

第3節　格付けの考え方の変遷

　格付け会社の考え方は，不変ではなく，時代とともに変遷する．一例をあげると，証券化について論じた著書に，トリプルA格を取得する証券化取引で，裏付け資産と発行する ABS の金利や通貨のミスマッチを解消するために，スワップを用いる場合，スワップの相手方（スワップカウンターパーティー）がトリプルA格でなければならない，と説明されているケースがある．格付け会社が実際にそう考えていたのは1990年代半ばまでのことで，1990年代後半以降は各格付け会社ともスワップカウンターパーティーの要件を発表したり，一部の格付け会社は改訂を重ねている．証券化取引で資金が流れる当事者のうち，もっとも信用力の低い当事者の格付けが証券化案件の格付けの上限となる，いわゆる「ウィークリンク」という考え方は，1990年代半ばに完全に廃れてしまった．考えてみれば当然で，サービサーやスワップカウンターパーティーがデ

35　ミーティングのアジェンダは，格付け会社に依頼すれば，格付け会社が用意する場合もあるが，格付け会社の目的はオリジネーターの事業と証券化される資産について理解を深めることにあることを念頭に，むしろオリジネーターのペースで資料の準備やプレゼンテーションを行う方がスムースに進むだろう．ストラクチャードファイナンス格付けに限らず，企業が格付け会社とレビュー・ミーティングをする際に共通に言えることだろう．

フォルトしても，失われる（損失として顕在化する）金額が限定的であり，ABSのデフォルトにはつながらない場合も多々考えられるからだ．

ウィークリンクからの脱却は，不合理かつ保守的に過ぎた考え方からの脱却であり，それは正しいのだが，スワップカウンターパーティーや預金口座開設銀行の基準をどう設定すれば合理的なのかについては，絶えず模索が続き，格付け会社もその基準を数年毎に見直しているというのが現状だろう．また，CDOの格付けに用いられるモデルについては，頻繁に改訂する格付け会社もあれば，長年にわたり一切改訂しない格付け会社もある．格付け会社は，市場からの批判や意見も取り入れて，試行錯誤しながら，格付け基準（格付規準，クライテリア，格付けアプローチ，格付けの考え方，などさまざまに呼ばれる）を洗練され，より合理的なものにしようと努力を続けている．私がやや懸念するのは，「より安易により高い格付けを」出すための，ビジネス判断として格付け基準の緩和合戦が繰り広げられる可能性である．もっとも，格付け基準の適正化ではなく，不合理なまでのアグレッシブ化が行われるようであれば，格付け会社が批判を浴びることになるだろう．

第4節　格付けの利用方法

証券化商品を投資対象とする投資家の多くは格付けを投資判断の重要な参考情報として利用している．格付け会社は各社とも証券化商品の格付けに注力しており，金融機関や事業会社の格付けを行っているアナリストよりも証券化商品の格付けを担当するアナリストの方が多いことも珍しくなくなってきている．格付け会社で証券化商品を格付けする部門はストラクチャードファイナンス（部，部門），この部門が担当する格付けをストラクチャードファイナンス格付けと呼ばれることが多い．事業債や金融機関に対する格付けとは異なり，ストラクチャードファイナンス格付けの場合は，仕組み上の工夫や信用補完水準の調整をもってオリジネーターあるいはアレンジャーなどの当事者が目標とする

格付けが取得できるように仕組みが作りこまれることが多いのが特徴である．このため，証券化商品の設計，組成段階で，格付け会社が積極的に関与するし，格付け会社との折衝がアレンジャーの重要な仕事になる．証券化商品の設計にあたっては，関連契約書の文言や，資産の適格要件，優先劣後構造における劣後比率などの信用補完構造およびその水準について，格付け会社の助言を得ながら格付け会社の要求水準を満たすように決定されていくという過程を経ることになる．契約書の内容，回収金の充当順位および償還方法（キャッシュフロー・ウォーターフォール），バックアップサービサーの要否やその準備体制など証券化商品の基本的な品質を左右する部分に格付け会社の視点による格付け会社の意見が反映されている場合が現実に多々ある．

　格付けを利用する際に注意しなければならないのは，信用リスクではないリスクは織り込まれていないということだ．たとえば，コーラブル債で発行体が最終満期よりも早い期日にコール権を行使して償還する可能性などは考慮されていない．証券化商品などを対象とするストラクチャードファイナンス格付けでは，法定最終償還期日までの元本償還と期日通りの利払いの可能性について格付けがなされることが一般的だが，そうでない場合もある．格付けは，発行体の債務についてどの「約束」（利払い，元本償還の時期および金額等）を守ることに対する意見なのか，「約束」の履行は予定期日通りか，最終期限までか，究極的なのかといった格付けの前提条件を格付け記号以外の文字情報で確認する必要がある．格付け会社の意見は単純な格付け記号に集約されてはいるが，格付け記号では表現しきれないことも多い．格付け会社はプレスリリースやレポートを通じて文章で意見を述べることが一般的である．その文章を読んでも格付け根拠が十分に理解できない場合や納得できないところがあれば，担当アナリスト[36]に質問してみると良いだろう．

　また，格付けの体系あるいは格付け思想・哲学が格付け会社によって異なっ

36　格付け会社の方針に気を付けたい．誰からの質問にも回答することを方針として打ち出している格付け会社もある一方で，原則として顧客からの質問にしか回答しない方針を持っている格付け会社もある．また，担当アナリスト個人の性格や考え方によっても対応が大きく異なるのも現実だ．

ている．長期格付けについて，期待損失をベースとしている格付け会社とデフォルト確率（債務不履行までの距離）をベースとしている格付け会社があるが，期待損失をベースとしている格付け会社もデフォルト確率は重視しているし，デフォルト確率をベースにしている会社も予想される回収率の違い（つまり，期待損失の違い）によって格付けにノッチ差を設けるなど，期待損失も考慮している．また，時間の要素も取り入れているのが全ての格付け会社に共通の格付け体系である．つまり，同一の発行体による同種の債務であれば，履行期日が遠い将来であれば，近いものよりは，債務履行の不確実性が高くなる．言い換えれば，同一発行体の社債でも，残存年限が長ければ長いほど累積的なデフォルト確率は高いはずだ．しかし，時間の要素を取り入れて，それらを同じ水準の格付けにするのが格付け業界の慣行となっている．もし，そのような慣行を否定するのであれば，事業会社が発行する社債を含め，同一発行体の社債格付けは残存年限によって異なる格付けにしなければならないことになる．それは格付けの利用者にとって格付けの解釈と利用を困難にするだけだろう．

　格付け会社は各社とも格付けの基本的な考え方（格付け手法とかクライテリアなどと呼ばれる）を文書にして公表している．これを読むことで格付け会社の考え方やその特色がある程度理解できる．

　格付け会社は複数存在するが，海外の証券化商品は2社以上の格付け会社から格付けを取得したものが圧倒的に多く，日本では1社だけによる格付けが目立つことは誰しもが日常的に気付いているだろう．考えてみたいのは，欧米で一般的であるように，2社以上の格付け会社から格付けを取得する方が投資家にとって望ましいことなのかということだ．

　一般論としては，複数の格付け会社が格付けを行っており，異なる格付け会社が異なる視点から評価した意見を投資家が取得できる方が好ましいと言えるだろう．信用リスクの評価は，機械的・客観的に行い得るものではなく，多分に定性的・主観的な判断を含む意見であり，異なる人が行えば異なる結論が導き出される可能性もあるからだ．

　また，証券化などのストラクチャードファイナンス取引においては，法的な

リスク，関係当事者の実務能力などもクレジット評価の対象となり，1人よりは2人，2人よりは3人の目をもってチェックすることで，重要なリスクの見落としの可能性を軽減することも期待できるかもしれない．しかし，単数ではなく複数の格付け会社から格付けを取得することで必ずそのようなメリットを得られるとは限らないだろう．私の見解では，複数の格付け会社が格付けを行っておきながら，全社横並びで重要なリスクを見落としていたと考えざるを得ないケースが米国で発生した事例[37]がある．格付け会社の数よりもより重要なのは格付けの信頼性，品質だろう．複数の格付け会社から格付けを取得する証券化商品が単一の格付け会社から格付けを取得するものに比べて優れた点があるかと言えば，全社からトリプルA格を取得しようとした場合，もっとも厳しい格付け会社の要求水準を満たす信用補完水準の設定が必要となり，結果的に信用補完水準が保守的になる傾向にあるという点があげられる．また，単一の格付け会社からしか格付けを取得していない場合，その理由として，複数の格付け会社に格付けを打診し，最も甘い格付け会社だけを残して格付けを取得する（いわゆる格付けの「ショッピング」と呼ばれる行為が行われている）というケースもある一方で，かならずしもそういう格付け会社の選択が行われていない場合もあることを知っておきたい．

　格付けは品質が重要だとしても，格付けの利用者としては，格付けの品質をどう評価すれば良いのだろうか．担当アナリスト個人の知識，経験，判断力が

---

[37] 2000年8月に倒産した家具小売業者 Heilig-Meyers がオリジネーター兼サービサーであった家具等の消費者向け割賦販売代金債権の証券化案件は，ムーディーズ，S＆P，フィッチの3大格付け会社が横並びでトリプルA格という最上位格付けを行ったトランシェも含め，2001年には大幅格下げとなり，2002年にはデフォルトしてしまった．問題は債権の性質とサービシングにあったと言えよう．つまり，債務者である消費者の3分の2は小売店の店頭に出向いて支払いをしていた．そこへ店舗の多くが閉鎖され，サービサーが交替した．後任サービサーは店頭での回収はできない．高水準の延滞が解消しないという状況が続いた．一般的なプライベートレーベルのクレジットカード等と異なり，債務者からの毎月の回収はその多くが全米各地に分散した小売店の店舗で行われていたことは格付け会社3社とも当初から認識していたはずである．サービシング方法が特殊であることやオリジネーターの信用力が徐々に低下し倒産の可能性が高まっていたことが格付けに織り込まれていたのかという疑問を抱かざるを得ない．また，3社もの格付け会社が格付けを行っておきながら，その格付けが横並びだった点も，考えてみれば不思議だ．米国におけるABSのデフォルト事例を見ると，本当に複数の格付け会社から格付けを取得することで投資家の投資判断の質が高まり，あるいは証券化商品自体の品質が高まることが期待できるのかどうかについては，ある程度懐疑的にならざるを得ない．

気になるところだ．もっとも，格付けは各社とも複数の人員で構成される委員会によって決定されており，1名か2名の担当アナリストが独断で決定するわけではないので，特定の個人の資質に全面的に依存しているわけではない．ただ，案件を担当する個々人の能力や経験に差があることもまた事実であり，アナリスト個人の資質は無視できるものではない．もちろん，アナリスト個人の能力に加え，格付け会社としてのコミットメントとアカウンタビリティーも格付けを評価する際に考慮するべき重要な要素だ．当初の格付けだけではなく，発行後も継続的にきちんと監視しているのかどうか，会社として明確な格付け基準を持っており，その品質を常に維持向上させようとしているか（格付けクライテリアや格付けの考え方を文書にして頻繁に発表している会社がある一方，そのような文書をほとんど公表しない会社もあり，外部からはわかりにくいが），外資系格付け会社であれば，日本にどの程度コミットし，日本独特の環境を格付けに織り込みながらどのように世界的な格付けの一貫性を保とうとしているのか，といった点が気になるところだ．

コラム⑦　民間住宅ローン証券化の技術的問題点と解決策

　日本の資産証券化市場で重要な地位を占めつつある民間金融機関等による住宅ローン債権について，これまでの証券化の利用のされかたを踏まえたうえで，残された問題点をいくつか指摘し，それに関する解決策の提言を試みたい．住宅金融公庫によるものはここでは敢えて触れないことをお断りしておきたい．

　ここで指摘しようとする問題点の多くは，証券化を意識せずに営業活動を行って獲得した資産を事後的に証券化しようとすることに根源的な原因があるように思える．今後，住宅ローンをオリジネートする金融機関やノンバンクが，住宅ローンの証券化を推進し，経済効率を追求するためには証券化を前提とした商品設計によるオリジネーションを視野に入れておく価値はあるだろう．オリジネーターの営業部門が従来からの方法で獲得した住宅ローン契約について，オリジネーターの財務部門あるいは企画部門が事後的に資金調達あるいは資産圧縮のために既存の資産の一部を証券化するというのが金融資産の証券化の実態である．

企業金融と資産証券化

　日本における証券化の歴史をどこまで遡るかについては諸説ある．抵当証券や住宅ローン債権信託を証券化の初期の形態とみる説もあるだろうが，これらはオリジネーターが破綻すれば予定通りの回収はできないのであるから，投資家の観点からはオリジネーターに対する担保付きの与信を超えるものではなかった．証券化商品の投資家の観点からは，オリジネーターが破綻しても，高い確度で投資の回収ができる安全性の高い投資商品，そして，オリジネーターの観点からは自社に対して直接の与信ができない，あるいはその限界がある投資家から資本市場を通じて資金調達を行う手段としての側面が重視される傾向にある．つまり，現代的な意味合いからは，何らかの資産ないしはキャッシュフローをベースに，クレジット（信用）リスクの加工が行われ，オリジネーターの信用力を大きく上回り得る投資商品を作り出すことを証券化と考えてもよいだろう．

　歴史を振り返れば，住宅金融専門会社が1970年代に，銀行が1986年以降，住宅ローン債権信託受益権を販売することで資金調達を行っていたことがある．銀行による1980年代後半から行われた買戻し型の住宅ローン債権信託は，住宅ローン債権を用いて銀行が期間2年を超える中長期資金を市場から調達する手

段をもたらした．金融行政における長短分離政策やデリバティブ市場が発展初期の段階に留まっていたことともあいまって，買戻し型の住宅ローン債権信託は，都銀にとっては長期の資金調達手段として画期的なものであった．しかし，商品自体は対抗要件具備留保，オリジネーターによる買い戻しによる償還を予定するなど，オリジネーターの信用力に依存したものとなっており，現代的な意味合いの証券化とは性質を異にする．

　現代的な意味合いでの住宅ローンの証券化は，1997年11月に発行された北海道拓殖銀行がオリジネーターとなる Auroral Genesis Limited 発行のユーロ円債（発行総額320億円）であろう．債権譲渡特例法施行前であったため，債権譲渡（信託）につき，個別債務者から承諾を取り付けるなど，多大な労力の上に実現した日本初の RMBS（住宅ローンの証券化商品）である．その後，1999年6月に発行された三和銀行（現在の UFJ 銀行）による住宅ローン証券化案件，SHL 1999-1 Corporation Limited 発行のユーロ円債（発行総額503億円）をはじめとして，多くの住宅ローンの証券化が組成されてきている．いまや資産証券化市場では，住宅ローンは，リース，クレジット債権と並んで主要な資産クラスの一角を占めるにいたった．本書では，リース債権と住宅ローン債権を重点的にとりあげるが，他種の金銭債権の証券化にも一部共通する論点がある．

　住宅ローン債権の証券化は，リース・クレジット債権の証券化に比べ数年遅れとなったが，ようやく本格化してきた感がある．証券化先進国である米国や英国では，リース債権やクレジット債権よりも住宅ローン債権の証券化がはるかに先行して発展してきたのとは対照的だ．

　一般的な「証券化」とはやや異質ではあるが，住宅金融公庫が2001年3月以来，定期的に住宅ローン債権信託受益権を担保とするパススルー型の財投機関債[1]を発行している．住宅金融公庫は2003年後半からは民間からの住宅ローン債権の買上げとその証券化も計画しており，民間金融機関は公庫の代理店として公庫の住宅ローンをオリジネートすることに加え，公庫の買上げ基準に合致する条件で自ら住宅ローンの貸付けを行ったうえで，住宅金融公庫に売却する

---

[1] 発行体である住宅金融公庫には会社更生法適用の可能性がないこと，したがって，担保付き債権が「更生担保権」として行使の制限を受ける可能性がないことで，このような仕組みであっても資産証券化商品と同様に資産の信用力に依存していると評価できる．発行体が（特殊法人などではなく）株式会社であったら，担保の質や量にかかわらず，それほど信用力の高いものとは評価されず，格付けを取得しようとしても発行体の無担保債務の格付けを若干上回り得る程度であろう．

という選択肢も持つことになる．このような官主導の動きに加え，純粋に民間ベースでも金融機関間の住宅ローンポートフォリオの売買や証券化も行われており，住宅ローンの流通市場，証券化市場がようやく緒についた段階にある．住宅ローンの貸出市場において大きなマーケットシェアを有する住宅金融公庫が，直接融資の事業規模を徐々に縮小しており，向こう数年内に廃止，独立行政法人化が計画されていることや，銀行以外の業態による住宅ローン専門業者（いわゆるモーゲージバンク[2]）の出現もみられることから，住宅ローン事業に構造的な変化が起きる兆しが感じられる．

日本の住宅ローンの特徴，問題点ならびに解決策

日本の住宅ローン債権は，諸外国に比べ，際立った特徴があり，それが証券化の大きな障害となっている．証券化の障害になり得る日本の住宅ローン独特の特徴とは，（1）貸手ではなく，連帯保証人となる保証会社が求償権の担保として抵当権を設定[3]している，（2）変動金利や固定金利選択型などの場合に，適用金利の設定が客観的ではないうえ，そもそも固定金利選択型（顧客のオプションで一定期間の固定金利と変動金利を何度でも切り替えられる方式）は資本市場になじみにくい[4]，（3）相殺（銀行用語で逆相殺）のリスクが残

---

[2] 銀行などの金融機関が設立母体となって設立された住宅金融専門会社（住専）は，バブル期に住宅ローンではなく商業不動産への投融資事業に注力したため，1996年に住専8社中7社が破綻し，業界自体が消滅した．住専が失敗した直接の原因は既に議論され尽くされているが，その背景として銀行からの借入れに依存しつつ住宅ローン事業を行う中，銀行が自ら住宅ローン市場に本格的に参入したという側面もあるだろう．しかし，現代および今後出現するであろうモーゲージバンクは，銀行からの借入れよりも住宅ローン債権の流通市場での売却あるいは証券化を主眼に置く点で旧住専とは異質であり，旧住専のように，資金調達コストやリスク管理能力において必ずしも銀行に劣るとは言えず，住宅ローン貸出し市場において健全な形での銀行業界との競合とすみわけが行われることが期待される．

[3] 一部例外がある．また，住宅金融公庫の場合は，保証人ではなく，貸手である住宅金融公庫が第一順位の抵当権を設定する方式となっている．民間の住宅ローンの場合，保証会社は貸手（オリジネーター）の子会社あるいは関連会社で，決算上も連結対象となるケースが多く，貸手にとって保証会社の保証は経済的にはリスクヘッジにはなっていない．むしろ，金利とは別の名目（保証料）で収益を得られる分，見かけ上の金利を低く抑えられ，消費者へアピールできるという営業政策上の理由でこのような貸出形態が一般化しているのではないかと推測される．また，不良化した債権につき，貸手である銀行自身ではなく，保証人である子会社・関連会社に債務者との交渉，和解，任意売却，競売といった回収業務を実質的にアウトソースするための仕組みだとも考えられる．

[4] 約定では当行所定の金利など抽象的な表現が使用されているうえ，短期プライムレート（あるいはその他の基準金利）に一定のマージンを上乗せしている場合でも，基準金利があまり客観的ではないうえ，マージン幅も明示的に約定しているわけではない．

る，(4) 団体信用生命保険の保険料が貸手負担（金利に織り込み）となっている，といった点である．これらの障害があるにもかかわらず，住宅ローンの証券化は本格化してきているが，障害が残ったまま証券化しているために，証券化の経済効率を低下させているように思える．

保証人が抵当権者となる構造

まずは，抵当権・保証人の問題であるが，保証人が求償権の担保として抵当権を設定している場合，住宅ローン債権を譲渡しても，保証人の保証債務は随伴するが，抵当権は随伴しない．抵当権が随伴しないため，証券化商品の格付けや信用評価において，不良化した住宅ローン債権につき，担保物件からの回収を十分に織り込めないという問題点が生じる．

このため，さまざまな仕組み上の工夫がなされてきた．第一のスキームは，信託が保証会社に保証債務の履行期に保証債務相当額を交付することを約し，保証債務とこの交付義務を相殺することで保証が履行されるようにし，保証会社は事後求償権から回収された金銭を信託に引き渡すことを約する「相殺方式Ａ」である．第二のスキームは，保証会社が将来発生する事後求償権を信託に譲渡し，信託はその対価として保証債務相当額の交付を履行期に保証会社に交付することを約し，相殺によって保証会社が保証を履行する「相殺方式Ｂ」がある．また，これの発展型として，保証会社が事後求償権を信託し，保証会社はその信託受益権を信託に譲渡，信託はその対価として保証債務履行期に保証会社に保証債務相当額を交付し，保証債務を交付義務と相殺する第三のスキームとして「求償権信託方式」がある．さらに，第四のスキームとして，「転抵当方式」，すなわち，保証会社の保証債務に責任財産限定特約（保証債務を求償権の範囲に限定することで，保証会社の経済的な負担を軽減するために行う）を付し，信託に対する回収金引渡請求権の担保として抵当権に信託が転抵当権を設定する方式もある．

これらの仕組み上の工夫を凝らしたスキームは，不良化した住宅ローン債権について，抵当権からの回収（あるいは担保資産の価値）を享受できることを意図して開発されたものだが，いずれの方式も究極的には保証人のリスクを排除できていない（保証人が会社更生手続きを開始した場合に意図した結果が得られない可能性がある）という問題が残っている．したがって，格付けを取得する際も，保証人の信用力（オリジネーターの関連会社の場合，その信用力はよくてオリジネーターと同等と判断されることが多い）が問題視され，保証人

（あるいはオリジネーター）の信用力を大きく超える水準の格付けを取得する際には，抵当権からの回収が望めないという前提で評価されることになる．この問題は仕組み上の工夫で解決するには難易度が高く，むしろ，貸出し形態を改めることで解決することがより現実的ではないだろうか．単純に貸手（住宅ローン債権の債権者）が抵当権を設定する方式にすれば済むだけのことであろう．

貸出適用金利

次に，適用金利の問題であるが，現状は，たとえば，変動金利型の住宅ローンの適用金利は，具体的な約定はなされておらず，オリジネーターが自行の短期プライムレートに自行が恣意的に定めるマージンを上乗せして決定し，その都度，債務者に通知するという方式が一般的であろう[5]．オリジネーターではなく，誰が約定に基づいて決定しても同じ利率となるような客観的な定義を用いて約定し，かつ，資本市場で受け入れられる指標金利（典型的には LIBOR あるいは TIBOR など）を基準金利として用いることで，ほとんどの問題は解決するだろう．長期間の固定金利の場合に，繰上げ弁済の場合の手数料をどのように設定するべきかという問題はあろうが，多額になったり，金利スワップの規定損害金のような複雑な計算が必要となると，一般消費者向けである住宅ローンの商品性を失ってしまうことになる．全期間固定金利でありながら，名目的な手数料で繰上げ弁済できる住宅金融公庫の住宅ローン債権や米国の固定金利型住宅ローン債権が証券化され，市場に受け入れられていることからも，ある程度のオプション料相当額が金利に含まれていればよく，繰上げ弁済時に再運用リスクをカバーする手数料（ペナルティ）を住宅ローンの借り手に課す必要はないと考えられよう．全期間固定金利あるいは変動金利型（前述の通り，金利決定方法にオリジネーターの恣意性を排除し，客観性を持たせることが望ましいが，現状でも大きな支障はない）は証券化になじむが，固定金利選択型は，証券化する際に資産と負債の金利のミスマッチをコントロールすることがほぼ不可能であり，そもそも証券化に向いていないと考えられる．ただ，固定金利選択型を廃止することに営業上の支障があるのであれば，変動金利型住宅

---

[5] 約定では当行所定の金利など抽象的な表現が使用されているうえ，短期プライムレート（あるいはその他の基準金利）に一定のマージンを上乗せしている場合でも，基準金利があまり客観的ではないうえ，マージン幅も明示的に約定しているわけではない．

ローンに別途スワプション（住宅ローンの借手がオリジネーターと金利スワップを行う権利を有する形にする）を組み合わせる貸出形態とし，変動金利型住宅ローン債権のみを証券化の対象にするという方法も考えられる．

相殺リスク

相殺の問題は，議論し尽くされている感があるので，あらためて指摘するまでもないが，住宅ローンの借手は，貸手（オリジネーター）に対して預金債権などの債権を有していることが一般的である．オリジネーターが生命保険会社の場合に，保険金あるいは解約返戻金債権がある場合も考えられる．オリジネーターがノンバンクの場合は特に問題にならないだろう．住宅ローンの借手が預金債権などオリジネーターに対して有する債権を自働債権，住宅ローンを受働債権として相殺を行うことで，証券化された住宅ローン債権が希薄化するリスクが相殺リスクである．これは，オリジネーターが銀行の場合には，当該銀行に対する預金債権のデフォルトリスクと同程度のリスクと考えられる．オリジネーターが預金債務にデフォルトを発生されるような状況でないと顕在化は考えにくいし，オリジネーターに資力があれば，相殺による損失は，買い戻しやセラー受益権による吸収などで補填されることになろう．この相殺リスクを超過担保あるいは現金準備で補完している住宅ローン証券化案件もあり，証券化の経済性を損なっていることになる．消費者に対して形式上は不利になる[6]点は否めないものの，この問題のひとつの解決方法としては，相殺禁止特約の導入が考えられる．

コミングリングリスク及び相殺リスク

現状，大手邦銀の格付けはシングルＡ格（ムーディーズ）〜トリプルＢ格（Ｓ＆Ｐ）という先進国の大手銀行としては希に見る低い水準となっている．外資系格付け会社による格付けが低いことが大手銀行のデフォルトリスクが高いことを必ずしも意味しないとは考えるが，住宅ローンの証券化商品に高い格付けを取得しようとした場合に，無視し得ない障害となる．格付け会社からト

---

[6] 預金の安全性が損なわれそうな場合に，預金者は預金を引き出すという選択肢もある．また，預金保険制度が存在することに加え，金融機関の預金債務にデフォルトを発生させることは重大なシステミックリスクの顕在化につながることは明白であることから，ある程度の規模以上の金融機関について，預金債務のデフォルト，ペイオフ発動のリスクは政治リスクに近いとも考えられる．

リプルA格などの高い格付けを取得しようとした場合，それほど信用力の高くない銀行は回収金の引渡しにおいて債務不履行を1回発生させ，それが証券化商品の満了時までに治癒されないといった前提で評価されてしまう．サービサーの信用力を大幅に上回るという評価を得るには，サービサーが倒産するというシナリオに耐えられるかどうかという視点が必要なことは当然であり，そのような評価を受けること自体は否定できないだろう．それでは，証券化対象債権に関し，回収金を分別管理するようにしたらどうだろうか．現状は分別管理された金銭（預金債権）をサービサー倒産時に保護する（サービサーの倒産財団を構成しないようにする）法的な手当ては行われていないため，その効果は疑問視されるだろう．

　コミングリングリスクに対応する補完措置を排除することで証券化の経済効率を追求したいのであれば，回収方法の根本的な変更（例えば，サービサーを経由せず，信託が直接回収する等）も検討対象に含めるべきであろう．もっとも，受託者たる信託銀行が大手銀行よりも信用力が高いとは言えないが，信託法15条の存在等により，信託財産は受託者倒産の影響を受けないと主張することは容易である．

サービサー交代

　これまで民間住宅ローンの証券化でサービサーが途中で交代した事例はない．もっとも，証券化に限定しなければ，破綻した生命保険会社の住宅ローン，外銀から邦銀へ売却された住宅ローンの場合に，実際に回収を行う者が途中で交代した事例はある．

　銀行による住宅ローンの場合，ほぼ例外なく毎月の元利金の回収は，オリジネーターの銀行に開設された債務者の預金口座からの引き落とし[7]によってなされている．証券化や住宅ローンポートフォリオの売買の可能性を考えれば，債権の管理回収を行うサービサーの観点からは，他行口座からの振替などにも対応できることが望ましいのではないだろうか．

---

[7] 証券化対象債権について，口座振替の収納企業を受託者（信託業務を行う銀行）に変更したのは，韓国のクレジットカード債権を裏付けとしたABSで実例あり．ただ，銀行のシステム面での手当てなど，銀行側の協力が必要であったと理解しており，銀行の数が韓国に比べ桁違いに多い日本で同様なことが実務的に可能かどうかは疑問だろう．また，債務者（クレジットカード利用者）の承諾を得ずに，収納企業をクレジットカード会社から受託者たる銀行に変更することが可能かどうか，それが不適当であれば，予め債務者の承諾を得ておけばどうだろうか．

これまで，金銭債権の証券化で，サービサーが実質的に交代したケースは（1997年11月に破綻した北海道拓殖銀行のケースを含め）これまでにない．また，リースの事例だが，広く知られた事例である株式会社日本リース（1998年9月に会社更生手続きの開始申し立て）の場合は，バックアップサービサーが更生会社である当初サービサーをサブサービサーとして利用するという形での和解による解決が図られたため，サービサー交代は多分に形式的なものであり，実態的には交代は起きなかったと言ってもよいくらいであろう．しかし，本当にサービサーが交代する可能性を視野に入れる場合，回収効率やトラブルの回避を考えた工夫は必要だと思われる．

団体信用生命保険と債務者の高齢化

住宅ローンの貸手は，債務者が団体信用生命保険へ加入することを要求する場合が多い．住宅ローンにかかる団体信用生命保険は，債務者が死亡した場合等に，残債額相当の保険金が出ることで，債務者（あるいは債務者の相続人）の観点からは，債務免除を受けるに等しい制度である．貸手にとっても，債務者死亡による貸倒れリスクの軽減が期待できる．民間の住宅ローンでは，一般的に，住宅ローン債務者に団体信用生命保険への加入をさせるものの，保険料はオリジネーターが生命保険会社に支払う形となっている．保険料は，債務者の死亡率がベースに決定されることになろうが，常に新規のローンが追加され，債務者の年齢分布が一定の形におさまっているダイナミックな住宅ローン債権プールの場合は問題ではないだろうが，証券化されるプールのように，新規ローンの追加がなく，時間の経過とともに債務者が高齢化する一方の場合は大きな問題となる．つまり，債務者の高齢化（それにともない，死亡率の上昇）にともない，保険料率は上昇せざるを得ないが，一方で，貸出金利が上がるわけでもないからだ．この問題の根本的な解決方法は，保険料は明示的に住宅ローンの債務者負担とし，金利とは別途，保険料を徴収するようにすることであろう．住宅金融公庫は既にそのような方式で貸出しを行っていることや，金融機関による保険商品の販売に自由度が高まっている環境にあることから，実務上の観点からも決して非現実的なものではないだろう．

前述の住宅ローン証券化にかかる問題の解決策は，結局のところ，オリジネーターが証券化を前提としたビジネスモデルを採用することに行き着く．証券化を前提にしたオリジネーションの導入は，オリジネーターのみならず，証券化商品の透明性の向上にもつながり，投資家にとってメリットをもたらすであ

ろう．しかし，これらの試案を実現しようとすればさまざまな障害に遭遇し，「言うは易し，行うは難し」の案であったという非難を受けるだろうことは容易に想像がつく．しかし，ここで取り上げた問題点に限定されず，証券化の効率追求のために様々な創意工夫と仕組みの改善が行われることは，健全な証券化市場の発展にも寄与することになろう．また，資産証券化は，法律家や実務家のコンセンサスの上に成立する取引であり，誰もが理解できるルールに基づいて様々な立場の参加者がフェアにプレイできる証券化市場を健全な形で継続的に発展させるには，法制度やビジネス慣行から参加者の正しい理解とバランスの取れた判断にいたるまで，証券化インフラの絶えざるメンテナンスが今後も必要であろう．

第4章
証券化対象資産の特徴

第1節　金銭債権

　証券化対象資産は圧倒的に金銭債権が多い．きちんと管理回収を行えば，然る後に比較的高い確度で現金化できる資産だからだ．金銭債権は，回収予定額をタイムリーに満額回収できない可能性を内包している．債務者が破産し免責を受け，長期延滞状態になり，貸倒れ処理をする，あるいは，関連する契約が中途解約される，繰上弁済されるといった可能性もある．主に，延滞，デフォルト，中途解約または繰上弁済率が注目される指標となる．クレジットカード債権や消費者ローン債権などであれば，元本返済率や新規利用率および利回りにも注目したい．オリジネーターの破綻や経営不振による債権への影響も考えてみるべきだろう．債務者がオリジネーターに対して有する債権を自働債権として相殺され希薄化してしまうリスクがあるのかないのか，あるとすればどの程度あり得るのか．このような可能性を加味して，どの程度のバッファーがあれば信用補完として十分なのか，という観点で評価する．

　たとえば，売掛債権と割引手形（事業者が保有する受取手形を金融機関等が割引いたもの）では，債務者（あるいは手形の振出人）の信用力が同じであっても，リスクが相当に異なる可能性がある．売掛債権であれば，出荷後値引き，返品などによる希薄化（つまり，減額される），債務者による相殺により一部消滅する，期日に払ってこない，などのリスクがつきまとう．一方，約束手形であれば，額面金額がいつのまにか減少することはないし，手形の期日に落ちるか落ちないかというデジタル的に結果がわかる．手形債権の延滞とは，不渡りであり，日本では手形や小切手の不渡りを2回発生させると，手形交換所による銀行取引停止という私的な制裁が加えられることもあって，債務者（振出人）の支払意思は強いと考えられる．また，オリジネーターと債務者の信用力の相関も考えておきたい．オリジネーターが倒産したら，連鎖倒産してしまうほどの密接な関係（取引関係，資本関係）にある債務者がどの程度含まれてい

るのか．そのような多面的な分析も債権の種類や債務者の属性によっては必要であろう．

第2節　市場価値資産

　典型的には不動産が市場価値資産である．金銭債権のように当然に現金化されていくものではなく，売却することで換価される．なお，ここでいう市場価値資産にはマルクス経済学的意味合いは全くない．不動産の証券化はリファイナンスを前提とするものが多い．期中のキャッシュフローでは，利払いしか行わず（あるいは，元本償還をしても，全体のごく一部にとどまり），元本の全部または大部分を予定満期時にリファイナンス（もう一度証券化を行うか，銀行等からローンを借入れるか，その手法は様々であろう）を得て，償還しようとするものである．リファイナンスに失敗した場合に，物件の処分が行われ，処分代金が償還原資となる．リファイナンスが受けられる蓋然性も，それが失敗した場合に処分可能な価格も，市場価値に大きく影響されることになる．不動産だけではなく，航空機についても同様のことが言えよう．

　不動産の評価方法については様々な議論がある．不動産は現に生み出しているキャッシュフローの多寡や，テナントの状況，さらには物件の用途や立地条件によって異なる評価があり得る．不動産鑑定士による鑑定評価額や調査額とは別に，格付け会社は別の視点で物件の評価を行う．典型的には，現状のままで想定される評価額，テナントや管理会社が入れ替わり，賃料が市場水準に収斂する，更には現状が最適な用途ではない場合に，最適な用途に変更した場合に想定される評価額，そして，更地として叩き売る場合に予想される処分価格を評価したうえで，シナリオ発生確率等を加味した加重平均を用いる．百貨店やショッピングセンターのように，ある特定の小売業者がテナントとして使用しているからといって，その特定の小売業者が現状の賃料で将来にわたって使用し続ける（たとえ，それが現実的には最も実現可能性の高いシナリオであっ

ても）という前提で評価したものではない．不動産の評価を行う際の手法（収益還元法，なかでも1社を除き全ての格付け会社が一般的に使用していると思われる直接還元法）についても議論が行われることは好ましいが，手法そのものよりも，まずは数字の妥当性を議論するべきだろう．

第3節　その他の資産またはリスク

証券化の対象になる資産やリスクの範囲は徐々に拡大してきたし，今後も拡大を続けるであろう．金銭債権が回収不能になる可能性が確率の問題であるように，ある特定の場所である一定期間内に一定規模以上の地震が起きる可能性も確率の問題である．地震リスクを証券化した再保険に代替する証券化商品がCATボンドだと言えよう．

もっとも金銭債権に近いものは，クレジットデリバティブではなかろうか．企業に対して貸付債権を有している状態と，安全資産を有していながら，特定の企業のデフォルトリスクに対してプロテクションを売っている状態は，極めて似ている．このため，シンセティックCDOは，現物資産（貸付債権や社債）の証券化商品であるキャッシュフローCDOと類似したリスクプロファイルを持ち，格付け会社による格付け手法もほぼ共通である．

知的財産権の証券化や事業の証券化が検討され始め，実際に2003年からは具体的な案件として（きわめて少数でかつ試験的な事例だろうが）実現しつつある．これらの資産の証券化は，金銭債権の証券化に極めて近いものから，むしろ事業会社そのものあるいは特定の事業そのものが負う負債に近いものまであり得るだろう．市場関係者の創意工夫と努力で，証券化対象資産の幅が徐々にではあるが着実に広がってきている．

第 5 章
証券化技術と環境の発展過程

第1節　法制度の変遷

　資産証券化は日本では1990年代後半から本格的に発達した比較的新しい金融技術だ．また，証券化は，多数の当事者間の複雑な契約関係に依存している取引でもある．日本で資産証券化が議論され始めたのは1980年代半ばであり，証券化発祥の地である米国でもようやく証券化が本格化し始めた時期だった．日本と米国は大きく異なる法制度を有している[38]が，それにもかかわらず，日本に導入され，日本で根付いた資産証券化は米国で発達したものによく似ている．法的にみても安定性・予測可能性が高い仕組みを構築し維持するには，リーガル・エンジニアリング（法工学）が必要になる．詳しくは後述するが，証券化には倒産隔離が重要な要素だと考えられている．倒産隔離とは，証券化商品の発行体自体が倒産しない[39]ように，そして，オリジネーター（セラー，サービサーを兼ねる場合が多い）等の当事者の倒産に重大な悪影響を受けないように仕組むことだ．

　日本の法制度は（日本に限らず，諸外国でも同様だと思われるが），証券化を前提に作られたものではない．しかし，日本やイタリアやスペインなどの欧州諸国，韓国，中国，台湾などでは，これまで証券化の法的基盤を整えるために，あるいは，証券化を促進するために立法措置を含むさまざまな法制整備がなされてきた．証券化をとりまく法的環境は格段に改善された．また，法律専門家による活発な研究や議論，関係省庁による見解の表明なども資産証券化の環境整備に大きく寄与した．

　立法措置の中でも1993年6月に施行された特定債権法は，リース・クレジット債権の証券化を促進したことでよく知られている．それまで，日本では，指

---

[38] 倒産法制は相当に類似性が高いと言えよう．これは改正前の日本の会社更生法が米国の改正前の連邦破産法を参考に作られたことに起因しているのかも知れない．私は法律専門家ではないため，これ以上踏み込んだ議論は遠慮させていただきたい．
[39] 信託であれば，受託者の倒産に影響を受けないようにするという意味．

図表 5 － 1　資産証券化関連法制度改善の歩み

年月	イベント	主な効果
1993年6月	特定債権法施行	リース、クレジット債権の対抗要件具備容易に
1994年9月	大蔵省の新聞発表	海外市場でのABS発行に筋道
1996年4月	特定債権法改正	国内市場でABS起債が可能に
1998年9月	SPC法施行	日本法人SPCの利便性向上
1998年10月	債権譲渡特例法施行	金銭債権譲渡時の対抗要件具備容易に
1999年2月	サービサー法施行	弁護士法との抵触を避けつつ延滞債権回収が可能に
2000年11月	資産流動化法施行	SPC法の不都合点を見直し、対象資産・スキームの拡大
2001年9月	サービサー法改正	取り扱い債権の範囲を拡大

名金銭債権の譲渡にかかる対抗要件を具備するには，民法の規定に基づき債務者に通知するか債務者の承諾を得るしか方法がなかった．これは，小口多数の金銭債権を譲渡ないし信託して証券化しようとした場合に大きな負担となるものだった．特定債権法はリース債権の一部とクレジット債権の一部（同法2条で「特定債権」と定義される金銭債権）に限定されてはいるものの，日刊新聞等での公告と譲渡債権明細の届出・閲覧制度という簡易な方法で第三者および債務者対抗要件を具備することを可能とした．その約5年後の1998年10月には債権譲渡特例法が施行され，法人による指名金銭債権の譲渡に関して，債権の種類に関係なく，法務局で債権譲渡登記を行うことで債務者を除く第三者対抗要件が具備できるようになった．なお，1993年に施行された特定債権法は，10年間にわたり活用されてきたが，2004年には廃止になる見込みである．また，2004年には信託業法の改正が行われ，証券化取引に信託を用いる場合，受託者の選択肢が広がることが期待される．

これに限らず，証券化の法的基盤整備，あるいは証券化にとってメリットとなるような法制度の整備[40]は断続的に行われてきているし，今後もそのような法整備は続くであろう．

40　わかりやすく論説したものとして，高橋正彦「証券化における信用リスク・コントロール」『証券アナリストジャーナル』2002年3月号（Vol.40），社団法人日本証券アナリスト協会，pp.53-75 および片岡義広「特定債権（リース・クレジット債権等）の証券化スキームと法的留意点」『季刊債権管理』2002年夏号（2002年7月5日，通巻97号），金融財政事情研究会，pp.36-41 をあげておきたい．

コラム⑧　改めて問う，リース債権の証券化

　リース債権は古くから証券化されてきた資産である．証券化対象資産としてはありふれているため，今世紀に入ってからは証券化のコンテクストにおける様々なリスクの所在やその評価が議論の対象になることはほとんどなくなってきている．初心忘るべからず，慢心を持つべからず．

リース契約の法的性質についての異なる意見の存在

　リース債権の証券化について語るとき，リース契約の法的性質について異なる意見が併存していることは知っておくべきだろう．リース業界の統一見解はリース契約は基本的には賃貸借契約であるという解釈であろう．リース会社は，ユーザー（リース債務者）が倒産（会社更生，民事再生等）した場合に，リース債権は共益債権として随時弁済を受けるべきだと主張する．ただし，最高裁レベルではリース債権を共益債権とするような判決事例はない．また，実際にユーザーが会社更生を行った場合のリース債権の取扱いはまちまちで，更生担保権として扱われるケースや，更生債権として扱われるケースもあるようである．

リース債権は更生債権になるべきだとする意見に依拠

　一方で，リース債権を証券化しようとする場合には，いわゆるファイナンスリース契約には会社更生法61条（旧会社更生法103条）の適用はなく，平成7年4月の最高裁判例を引用し，更生債権となるべきものだという意見を弁護士に表明させたうえで証券化を行っている．リース物件がユーザーに引き渡された後は，リース契約が双方未履行の双務契約ではなく，リース債権が「借賃の債権」（破産法63条1項，民事再生法51条，会社更生法63条，旧会社更生法106条）には該当せず，双方未履行の双務契約に対する解除権（破産法59条，民事再生法49条，会社更生法61条，旧会社更生法103条）は及ばない，という趣旨の意見を前面に押し出して，リース債権の証券化を行っているのだ．

　証券化対象となるリース債権は，これまでほぼ例外なくフルペイアウトのファイナンスリースにかかるリース債権であるが，その対象範囲を広げようとする動きが続いている．対象を広げる場合に，従来，証券化されてこなかった原因をきちんと把握し，法的な観点と実務的な観点から十分な議論がなされるべきではなかろうか．

第2節 技術革新

　米国では1977年に初の証券化が行われたと言われている．これは銀行によって住宅ローンが証券化された事例である．証券化対象資産は1985年以降にはオート（自動車）ローン債権やリース債権などへひろがり，現在では非常に多様な資産の証券化が行われている．理論的にはある程度の確実性をもってキャッシュフローを生み出すか，換金処分価値のある資産であればなんでも証券化することが一応は可能と言えよう．しかし，現実的には，証券化に適している資産とそうでない資産があることも事実だ．市場参加者の創意工夫により，証券化対象資産の範囲が拡大してきたが，同時に，仕組み上の様々な工夫もなされてきた．過去を振り返ると，証券化取引の仕組みが徐々に高度化し洗練されてきたことがわかる．

　過去5年あまりを振り返っても，日本で起きた大きな変化は元本償還方法の変遷と，信用補完手法の高度化があげられる．日本の資産を裏付けに海外市場で発行された初期の ABS はスケジュール償還[41]方式またはパススルー方式が一般的だった．特定債権法に基づく ABS が国内債として発行できるようになった1996年以降，国内市場で起債された ABS はハードブレット型（満期日に元本を一括で償還する，償還できなければデフォルトになる方式）が主流だったが，1999年以降は次第にソフトブレット（元本償還を一括で行うことを予定しているが，償還できなければ償還方法を変更して法定最終期限までに償還すれば許容される方式）およびパススルー型（裏付け資産から回収された元本を定期的にそのまま元本償還に充当する不定額分割償還方式）が普及した．

　日本において公社債はほぼ例外なく半年毎の利払い，元本は期限一括償還

41　日本では，償還予定スケジュールにしたがって分割償還することをコントロールドアモチゼーションと呼ぶことが多いが，もともとコントロールドアモチゼーションとは元本均等分割償還のことを意味していた．

（つまり，ハードブレット型）であったため，日本市場に証券化商品が普及する初期の段階においては必ずしも裏付け資産からの回収とは連動しないハードブレットあるいはソフトブレット方式が投資家に受け入れられやすかったという背景がある．また，1999年から2000年にかけては，デフォルトトラップ（エクセススプレッドを裏付資産の貸倒れ元本に充当することで，信用補完効果を得る方式）やマスタートラスト（大きめな信託財産を設定しておき，オリジネーターが保有する信託受益権を適宜切り分けて証券化商品に仕立てて販売することで，同一の原資産を裏付けに機動的に複数回の ABS を発行できる仕組み）が導入された．更に，21世紀に入ってから組成される最近の ABS では，ダイナミックエンハンスメントと呼ばれる動的な信用補完（延滞率やデフォルト率が上昇すると，現金準備を積み立てたり，超過担保比率を上昇させたりして，信用補完効果を高めることで投資家の保護を図り，格下げに対する耐性を持たせる信用補完手法）が普及するようになった．

このような変化は何れも市場参加者の創意工夫によってもたらされたものであり，今後もこのような仕組み上の工夫や改善の努力が続けられることを期待したい．

第3節　倒産隔離の意味

証券化は多数の契約と法解釈を背景に，倒産隔離を図り，貸手ではなく，資産の信用力を裏付けとした投資商品を作る技術であり，リーガル・エンジニアリング（法工学）だとも言えよう．

倒産隔離とは，米国で用いられる bankruptcy remoteness の直訳だが，狭義には，SPC（特別目的会社）等の証券化の器となる導管体（SPV またはSPE という）が倒産しないように作り込まれていることを意味する．倒産防止には，信託や資産流動化法に基づく特定目的会社を用いる，事業目的を限定する，予定外の債務を負わないようにする，議決権を海外の慈善信託に保有さ

せ，または，特定持分信託を利用することで，株主による恣意的な支配を回避する，関係者に破産等の申し立てを禁止させるといった措置がとられる．

　より広義に，そしてより一般的には，倒産隔離は，これに加えて，オリジネーター等証券化関係者の倒産の影響を受けないように仕組むことも意味する．つまり，資産の譲渡が否認されることのないように，そして，オリジネーター倒産時に管財人等が資産の譲渡が真正売買ではなく，担保の拠出であると主張する動機を失わせるように取引を構成することだ．真正売買とは，米国で用いられている true sale の訳語である．契約に表象される当事者の意思，対抗要件の具備，譲渡価格の妥当性，リスク移転の程度，実質的支配の移転およびその程度，会計上の取り扱いなどが真正売買の重要な要素と考えられている（真正売買について詳しくは第1章第3節「真正売買」の項参照）．

　広義の意味の倒産隔離を確保する必要があるのは，オリジネーターが倒産した場合にその債権者や管財人が証券化した資産を差し押さえることが可能だとすると，証券化商品はオリジネーターの信用力に影響を受けることになるからだ．影響を受けるというよりは，オリジネーターの信用力に依存してしまうと言った方が適当かも知れない．証券化取引の根底にあるオリジネーター（ここではセラーの意味として用いる）による資産の譲渡が，真正売買ではなく，担保の拠出と借入れであると法的再構成されると，たとえば，オリジネーターの会社更生時に更生担保権として更生手続きの中でしか回収が図れなくなるということになる．ただ，オリジネーターやその他当事者の信用力がもともと高い場合は，それらの当事者が倒産する確率が低いため，倒産隔離をそれほど厳格に確保する必要はないだろう．

　倒産隔離，そしてその裏付けとなる真正売買の要件は現在のところ，法律専門家・実務者・格付け会社の間である程度のコンセンサスが形成されているものの，それほど明確なものではない．しかも，困ったことに，実際に機能するかどうかを実験で検証するために，オリジネーターを倒産させ，管財人に徹底的にチャレンジしてもらい，裁判で争うわけにもいかない問題である．オリジネーター破綻時に，債権譲渡ではなく譲渡担保であるなどの主張がなされない

ような条件，そのような主張を行う動機をそぐ条件をできるだけ揃えておくというのが現実的な倒産隔離だと考えておきたい．

過去を振り返ると，2002年頃まで資産証券化に関する法的な議論は民商法の研究者や弁護士が中心となって行われ，倒産法の専門家の関与が十分ではなかったとも考えられる．しかし，2002年頃に変化が現れた．事業再生研究機構の下部組織である証券化問題委員会での議論や，2001年9月に経営破綻した株式会社マイカルによる商業不動産のセールアンドリースバック型証券化取引に関して2002年に発生した論争を契機に，倒産法の専門家を含め，広く証券化が注目されるようになってきた．今後はより広い範囲の関係者を含めて証券化のルールについてのコンセンサスの再確認作業を行う必要があるだろう．証券化取引の結果の予測可能性を高めていくことは市場参加者全員の利益にかなうことになる．

証券化は当事者の取引の意図を達成するべく，法的な構成がなされるリーガル・エンジニアリング（法工学）だと私は考える．しかし，その「工学」は自然科学的な法則を基盤とするものではなく，きわめて社会的な規律である法やその解釈を基盤とするものだ．ある特定の法的なリスクを排除しようとした場合に，そのリスク量を計測できないことが多く，リスク顕在化の防止対策に完璧を求めることは困難な場合がある．たとえば，航空機の外壁にどの程度の温度や圧力の変化が発生するかを予測することは可能であり，航空機を設計する際に，どこまでの温度や圧力の変化に耐えられるかを判断することも工学的には可能だろう．しかし，今から数年後にオリジネーターが倒産し，斬新な発想で証券化取引に挑むような管財人が出現する可能性を計測することや，チャレンジを受けた場合にどこまで当初意図していた法解釈が法廷で耐えうるかを判断することは難易度が高い．

証券化取引に限らず，我々が様々な社会的，経済的活動を行ううえで，取引の結果は可能な限り明確に予測可能であることが望ましい．オリジネーターから資産を買い取ったのか，それとも資産を担保に融資しただけなのかが曖昧な状態を排除できないのであれば，それは経済取引を萎縮させてしまう障害とな

り得る．倒産隔離はスポーツのルールのようなものであり，そのルールは誰か権威ある特定の人や団体が制定し，改定する権限を持っているものではない．つまり，倒産隔離という概念は，何らかの客観的な基準があるものではなく，明確な立法措置がなされない限り，市場関係者の意見や法解釈の積み重ねの上に存在しているものである．立法措置（法律により倒産隔離の基準を明確化してしまうこと）が困難であっても，判例ができればと考える人もいるかもしれないが，判例ができるということは，何らかの具体的な証券化取引に関して，争いが発生して裁判沙汰となる事例が発生することが前提となる．それは誰も望んでいない事態であろう．ルールの明確化とそのコンセンサスとしての共有は，市場関係者が常に意識して努力を継続しなければならない課題であり続けると思われる．

第4節　日本の法制度整備が外国に与える影響

　日本の民法は，19世紀のドイツの旧ゲルマン民法を参考に立法されたとか，日本の倒産法制は米国のそれに影響を受けているとか言われており[42]，法律もそのルーツを辿ると物理的にも離れた国の遠い過去の時代に行き着くのかもしれない．日本人は諸外国の法制度を学ぶことに熱心で，最近も証券化にかかる法制度について海外の実状について調査が行われた事例がある．しかし，私は法制度に関してはシロウトであることを覚悟で敢えて言うと，日本の法制度を見直すにあたって海外の事例を模倣しようと考え，あるいは海外の事例を過度に参考にする必要はないのではないだろうか．米国で倒産法制を見直す場合にアメリカ人の立法関係者が日本の倒産法制を研究することはまずあり得ないだ

---

[42] もっとも，私が聞きかじったことを書いただけで，私自身で検証したわけではないことをお断りしておく．余談だが，証券化に関する海外事情調査のために，過去にいくつかの団体が「調査団」を組成し，海外に派遣したため，多くの関係者が欧米に出張した経験を持っている．私も海外事情の調査のために海外出張をしてみたいものだが，これまでの人生でそのような機会に恵まれたことは一度もない．

ろうし，イタリアで証券化を促進する法律が制定される過程で果たしてイタリアの関係者が我が国の証券化の実状や法制度について何らかの知識を持ち，それを参考にしたかは疑問[43]だ．

韓国の法制度は日本のものに類似しているため，我々にとっては他国の法制度の中では最も理解しやすいものだろう．韓国の民法（親族，相続を除く），商法，信託法などは，日本のそれと酷似している．また韓国の倒産法制は1962年に日本の破産法，会社更生法（韓国では「会社整理法」と名称を変えた），和議法がほとんどそのままの形で韓国に導入され立法されたことが基礎となっている．資産流動化をとりまく法体系および法律の内容が日本のものに類似しているため，資産証券化にかかる法的な課題は，民法上の問題，倒産法上の問題を含めほぼ両国に共通であった．たとえば，指名債権の譲渡にかかる対抗要件具備に関して，韓国の民法450条は，日本の民法467条と完全に同一内容である．つまり，民法の本則に基づけば，指名債権の譲渡にあたって第三者対抗要件を具備するには，確定日付ある証書による債務者への通知または債務者の承諾が必須となっていた．

韓国の資産流動化に関する特別法としては，「資産流動化に関する法律」（1998年9月施行）と「住宅抵当債権流動化会社法」（1999年4月施行）の2つがある．ただし，「住宅抵当債権流動化会社法」は「韓国住宅金融公社法」に発展的に改正され，廃止される見込みなので，ここでは韓国の資産流動化法について若干言及してみたい．

日本では1993年6月に特定債権法が，1998年10月に譲渡特例法が施行され，民法の本則による対抗要件具備の実務的な障害が取り除かれた．同様に，韓国では1998年9月に「資産流動化に関する法律」が制定されることで障害が取り除かれたといえよう．韓国の「資産流動化に関する法律」では，SPCまたは信託の受託者が資産流動化計画を金融監督委員会に登録し，更にその計画に基

---

[43] それはさておき，日本とイタリアの間には，債権譲渡や倒産にかかる問題で共通点が多いように思える．どちらも民法の総則や債権が旧ゲルマン法に起源を発しているからだろうか．

づき譲渡ないし信託する債権の明細の登録を行えば，その日付をもって債務者以外の第三者に対しては債務者に対する確定日付ある証書による通知があったものとみなす（7条2項）としている．債務者対抗要件を切り離している点，登録によって債務者を除く第三者対抗要件を具備できるとした点は，日本の債権譲渡特例法と同様である．韓国の資産流動化法は，日本の証券化法制を参考に立法されたことは間違いないだろうが，オリジネーターからの倒産隔離性に関して日本にくらべより踏み込んだ立法を行ったもの[44]と考えることができるだろう．たとえば，流動化資産および回収金がサービサーの破産財団を構成しないとする規定を置き，コミングリングリスクを排除している点，一定の要件を満たした資産の譲渡または信託は担保権の設定とみなさないと定め倒産隔離性を確保している点などが特徴的であろう．

　また，台湾では2002年6月に日本および韓国の資産流動化に関する特別法を参考に立法されたと思われる金融資産證券化條例（金融資産証券化条例）が施行され，2003年2月にこれを利用した初の貸付債権の証券化が行われている．日本，韓国，台湾は民法や不動産登記制度などを含め，非常に類似した法制度を有しており，資産流動化に関する法的な課題などもほぼ共通だと思われる．おそらく韓国および台湾の関係者は日本における動向について十分に情報収集していると推測される．我々日本人がそれを意識することはほとんどないが，日本における証券化にかかる法制度の整備が，近隣諸国にも影響を及ぼしていることは間違いない．

44　ある意味で，韓国の証券化関連の特別法は日本のものよりもはるかに先進的であり，また，我々日本人が韓国から学ぶべき点があると私は思う．しかし，一方で，日本の法曹界や立法の現場の実態を考えれば，日本で証券化関連の特別法をもって，事実上，倒産法を改正してしまうことはほとんど不可能に近いのではないかという気もする．

コラム⑨ 対抗要件が具備されないクレジットカード債権の証券化

　クレジットカード債権が証券化される際に，オリジネーターが他のカード会社等から買取った債権が含まれる場合や，銀行系カード会社が一般的に用いているような債権買取り方式の加盟店契約を用いて加盟店から債権を買取った形になっている場合を考えてみたい．これは仮定の話ではなく，現実の問題である．

　クレジットカードのショッピング利用分に係る債権は，クレジットカード会社と加盟店の契約構成によって，立替払い方式（総合あっせん）になるものと買取り方式（債権譲渡方式）になるものがあり，多くの場合に両者が混在している．一般的に，信販会社や流通系クレジット会社は，立替払い方式による加盟店契約を締結しており，銀行系のカード会社は買取り方式の加盟店契約を締結している．また，オリジネーターが直接加盟店契約を締結している加盟店ばかりではなく，他のカード会社等と契約している小売業者や飲食業者でカードが利用される場合もある．

　クレジットカードのショッピング利用分にかかる債権は，3回以上の分割払いおよびリボルビングによる支払いを約したものだけが割賦販売債権（買取り方式の場合）または割賦購入あっせん債権（立替払い方式の場合）となり，割賦販売法の適用対象となる．クレジットカードのショッピング利用分のうち，1回払い，2回払い，ボーナス一括払いを合意しているものは割賦販売法の適用を受けないが，これらを非割賦債権という．

　オリジネーターと直接立替払い方式による加盟店契約を締結している加盟店で消費者がカードを利用した場合だけオリジネーターが真の意味でのオリジネーター（原債権者）である．買取り方式の加盟店契約を締結している場合は，原債権者は加盟店（小売店，飲食店）であり，債権譲渡が行われていることになる．また，他のカード会社等（アクワイヤラー）の加盟店で利用された分については，そのカード会社等（アクワイヤラー）からオリジネーターへの債権譲渡が行われることになる．クレジットカード業界で広まっているアクワイヤリングにおいては，加盟店からカード会社，カード会社から別のカード会社へと日常的に大量の債権譲渡が行われ，その債権譲渡について対抗要件は具備されていないのだ．しかも，それらの大量の債権譲渡につき，対抗要件を具備しようとするのは実務的に不可能だろう．

　加盟店からカード会社等，そして，カード会社等からオリジネーターへの債

権譲渡について対抗要件が具備されないリスクをどう考えたら良いのであろうか．リスクが顕在化し得るのは，加盟店やカード会社等が倒産し，その債権者が（オリジネーターによって買取られ，更に証券化された）債権を差し押さえようとしたり，倒産した加盟店やカード会社の管財人が譲渡を否認しようとした場合が考え得る．しかし，加盟店やアクワイヤラーは債権譲渡代金を既に受け取っていることや，加盟店契約の趣旨を鑑みるに，差し押さえや否認を試みる動機はあまり高くないと思われる．また，一般的な金銭債権の譲渡と異なり，二重譲渡や多重譲渡はまず考えられない．というのも，オリジネーターが発行したクレジットカードの利用によって発生した債権をオリジネーター以外の者に譲渡することは考えられず，譲渡しようとしても，一般常識さえあれば譲渡を受けようとする者はいないだろうからである．また，現実的な観点からも，カード会社等またはその加盟店の信用悪化時または倒産時に，その管財人や債権者が，オリジネーターに譲渡された（更には，証券化目的で信託設定され，あるいは SPC へ債権譲渡された）債権について第三者対抗要件が具備されていないからといって差し押さえ，また，直接債務者に請求することは不可能であろう．なぜならば，加盟店やカード会社等は債務者のローマ字表記での名前は特定できても，住所や銀行口座を知らないからである．そのような情報を有しているのはオリジネーターだけである．また，数万人に対する小口の債権を差し押さえるあるいは取り立てることには経済合理性は働かない．そして，債務者はクレジットカードを使って他社加盟店で買い物をした訳であり，クレジットカードを発行したカード会社以外の者から請求を受けたとしても，容易に支払うとは思えない．債務者は小売店で買い物をしたり，飲食店で飲食をし，カードで支払いを済ませたと認識しており，その後でその小売店や飲食店，その管財人・債権者，それが加盟店契約を締結しているアクワイヤラーなどから現金で払えと要求された場合に，支払うケースが存在するとは考え難い．

　そう考えれば，立替払い方式と買取り方式のリスクの差異，更には，自社加盟店での利用による債権と，他社加盟店での利用による債権のリスクの差異は現実的にはあまり問題視するべきものではないという結論に行き着くように思える．

第6章
証券化市場の現状と展望

第1節　証券化の歴史

　証券化市場の現状について触れる前に，簡単に歴史を振り返ってみたい．米国が証券化の発祥地とされるが，米国で最初に住宅ローン以外の金銭債権が証券化されたのは1985年であった．また，いわゆるエージェンシー債（政府機関や政府の支援を受ける企業が住宅ローン債権プールを裏付けに発行する債券）は1970年に，民間の住宅ローンの証券化は1977年にそれぞれ初の事例をみている．また，米国では1987年にはクレジットカードの証券化[45]が行われ，その後，着実に証券化対象資産の範囲が拡大してきている．米国外で初めて証券化が行われた事例は，1985年の英国における住宅ローンの証券化だ．

　実は，米国でもようやく証券化の芽を見ようとしていた時期，1985年から1986年にかけて，既に日本では証券化についての調査研究が始まっていた．神田秀樹，岩村充，小野傑ら[46]が資産証券化を提唱し，証券化についていくつかの論文が発表され，証券化を論じる本[47]も出版された．日本の金融市場はまだ行政主で高度に規制され競争制限的であったこの時期から日本でも証券化は真剣に論じられ，検討されていた．

　日本では1973年から住宅ローン債権信託（住ロ債信託）が行われていたが，これは，住宅金融専門会社（いわゆる住専[48]）に短期の（買戻し方式と言われていた）資金調達手段を提供したものであり，現代的な意味合いの証券化とは

---

[45] 初のクレジットカードの証券化が1986年に行われた（実際の発行は1987年1月）としている著書や論者が多いが，それは発行日を基準にしているのではなく，仮目論見書や予備格付けの口付などを基準にしているからだろう．本書では原則として発行日を基準にする．
[46] 敬称略，順不同（大先生方，失礼をお許し下さい）．
[47] たとえば，松井和夫『セキュリタイゼーション』東洋経済新報社，1986年，大和証券経済研究所編，川村雄介・下井雅裕『金融の証券化　米・欧・日のセキュリタイゼーション』東洋経済新報社，1986年．
[48] 銀行などの金融機関が設立母体となって設立された住宅金融専門会社（住専）は，バブル期に住宅ローンではなく商業不動産への投融資事業に注力したため，1996年に住専8社中7社が破綻し，業界自体が消滅した．1996年に破綻した7社は，日本住宅金融，住宅ローンサービス，住総，総合住金，第一住宅金融，地銀生保住宅ローン，日本ハウジングローン．現存する唯一の住専は，協同住宅ローン．

ほど遠い存在であった．住口債信託は，1988年に委託者の範囲を銀行その他の金融機関にも広げ，売りきり方式も導入された（ただし，実際の案件はほぼ例外なく買戻し方式だった）．当時，銀行行政において長短分離政策が取られている中，長信銀や信託銀ではなく，都銀に中長期の資金調達手段をもたらしたことで注目された．やはり，住宅ローンの信託設定にあたっては対抗要件を具備留保（つまり，具備しないということ）が行われていたこと，委託者（オリジネーター）が信託財産を買戻すことで投資家に対する償還原資を捻出する「買戻し方式」が一般的であったことから，住口債信託は，現代的な意味合いでの証券化とは異なるが，疑似証券化として現代の証券化の先駆的な存在であったといえよう．

　日本における証券化の起源を特定債権法[49]の施行（1993年6月）に求める論者は多く，私もそう考えている[50]．特定債権法が資産証券化の促進に果たした役割は非常に大きい．しかし，特定債権法施行前の1991年～1992年を振り返ると，大手リース会社がリース債権等の流動化を試験的に行っており，特定債権法が規定した方式の基礎（SPC譲渡方式，信託方式および組合方式のうち，前二者）を作っている．もちろん，債権譲渡にあたって第三者対抗要件の具備がなされていないなど，現代人の目から見れば証券化取引としては不完全なものだ．特定債権法は，リース債権，クレジット債権を証券化する際に，債権譲渡にかかる対抗要件を公告によって具備できるようにした等，本格的な証券化を行ううえでのインフラ整備であったし，その施行直後から具体的な案件に用いられた．特定債権法が資産証券化の促進に果たした役割は非常に大きい．

　特定債権法に基づく証券化商品（同法にいう小口債権）は，1996年4月に同

49　正式名は「特定債権等に係る事業の規制に関する法律」，1992年（平成4年）6月制定，1993年6月施行，施行から11年目となる2004年頃に廃止される見込み．
50　これ以前にも，1987年にはリース会社がリース物件（動産）について動産信託を用いて，信託受益権を譲渡する動きがあり，国鉄清算事業団が有する土地について，1989年に土地信託受益権を分割譲渡する信託方式，1990年に不動産に変換する予約完結権を有するローン方式が用いられたこと等が現代的な意味合いにおける証券化のはじまりであったとも言えよう．これらの案件は，信用力が1973年の住宅ローン債権信託のようなオリジネーターにあからさまに依存するものではなかったという意味で現代的な証券化であるが，有価証券ではなかったし，格付け等によりきちんと信用リスクが分析されたうえで加工されたものでもなかった．

法が改訂されるまでは，日本の証券取引法上の有価証券とはならないものに限定されており，転売が禁止される等，制度的に流動性に制約のあるものであった．そこで，小口債権をSPCが購入し，SPCがそれを裏付けにABSを発行できないかという議論がなされた．1994年1月の日米包括協議の金融サービス分野の合意に基づき，1994年9月には大蔵省が海外で起債することを前提として小口債権をSPCが発行する債券としてリパッケージし，ABSとして販売することを認める新聞発表を行った．この新聞発表を受けて，日本の資産を裏付けとした初のABSとして日本信販がオリジネートしたオートローン債権を裏付けとするJ-Cars Corp.発行のユーロ円債（発行総額150億円）が1994年11月に発行され，翌月には，日本リースがオリジネートしたリース債権を裏付けとし，米国SECに登録され米国で公募発行されたJLC Lease Receivables Trust 1994-1（発行総額約1億4千8百万ドル）が出現した．日本初のABSという場合，J-Cars Corp.債を指す[51]のが妥当だろう．特定債権法上の小口債権を海外のSPCを用いてABSにリパッケージした形でのABSの発行はその後も盛んに行われることとなった．これらは大蔵省の行政指導により還流（海外で発行された証券が日本の居住者の手に渡ること）を防止する措置を取るようにしていたと思われるが，日本の投資家が一切購入しなかったのかどうか[52]については定かでない．

---

[51] 念のため他の文献にいくつかあたったところ，日本初のABSとしては様々な説があることに気付いた．1931年の抵当証券法による抵当証券説，1973年の住宅ローン信託説，1993年の特定債権法による小口債権説，1994年11月説（私も採用する説），1996年2月説，1996年9月説などだ．私は本文に述べた通り，1994年11月発行のJ-Cars Corp.債が日本初の現代的な意味合いにおける資産証券化案件であり，日本の資産を裏付けとした初のABSだと考えている．1996年2月説は恐らく日本信販のJ-Cars Corp. II 債（1996年3月発行）を指しているものと思われる．同じ著者による別の文献に日本初のリース債権の証券化が1997年だと述べられているものがあり，これは日本リースのTurquoise Funding Corp.債（1997年2月発行）を指していると思われるが，本文に述べた通り1994年12月に米国市場で発行された日本リースによるJLC Lease Receivables Trust 1994-1が初のリース債権の証券化である．日本初の証券化が1996年9月に行われた（あるいは，日本初のABSが1996年9月に発行された）とする文献は多くみられるが，これは単に特定債権法に基づく有価証券たるAB社債としては初であったオリコ・アセット・ファンディング・ジャパン第1回債（1996年9月発行）を指していると思われる．また，1996年4月に「ABSが解禁された」とする文献が気になった．なにをもって何が「解禁」されたのか，私には理解できない．おそらく1996年4月の特定債権法改正によりAB社債，ABCPが特定債権法の規定する新たなスキームとして加わったことを意味しているものと思われるが，それ以前からABSの発行は可能であったし，実際の発行事例も多数ある．

1993年3月の証券取引法関連政省令の改正により，住口債信託受益権および海外のクレジットカード信託受益権証書が日本の証取法上の有価証券とされ，1995年7月には米国シティバンクをオリジネーターとするクレジットカードのABS（円建て，発行総額300億円）が日本国内で公募発行[53]された．また，1996年1月には適債基準が撤廃され，SPCが国内で社債を発行する途が拓けた．さらに，1996年4月には特定債権法が大改正され，同法に基づくABSやABCPを国内で発行することが可能となった．特定債権法に基づく譲受業者が国内で社債を発行した初の事例は，オリコ・アセット・ファンディング・ジャパン株式会社が1996年9月に発行（発行総額300億円）したオリエントコーポレーションがオリジネートしたオートローンを裏付けとするABSであった．

振り返ってみると，日本における証券化は，1980年代後半からインフラ作りが始まり，1990年代半ばから具体的な証券化取引が数多く見られるようになったと言えよう．

急成長を振り返る

日本で証券化が初めて行われてから現在に至るまで基本的には順調に市場規模が拡大しているように思えるが，過去を振り返ると，いくつかの転機があったことがわかる．まず気になるのは，年間の発行額が1兆円を上回るようになったのは1998年だったということである．この時期，1997年から1998年にかけて銀行によるCLOが多数組成されているが，これは銀行がBIS対策で資産圧縮を迫られていたからだ．

---

[52] 当時の海外で発行された日本のABSにかかる「還流制限」は，法的な根拠があったわけではなく，大蔵省による口頭ベースの行政指導がその根拠であった．
[53] スタンダード・クレジット・カード・マスタートラスト1995-1円建貸付債権信託受益証券

図表6－1　証券化商品発行実績統計（単位：億円）

暦年 (1月-12月)	リース債権	クレジット債権	消費者ローン	住宅ローン	不動産関連	CDO	その他	合計
94年	148	150	0	0	0	0	0	298
95年	0	0	0	0	0	134	147	281
96年	200	300	0	0	137	245	228	1,110
97年	1,999	1,168	75	320	337	4,922	839	9,661
98年	3,399	2,847	219	0	600	4,373	695	12,133
99年	6,030	6,620	1,016	533	2,780	5,405	706	23,090
00年	6,460	4,601	692	4,386	5,813	1,263	4,474	27,689
01年	8,362	5,579	5,279	4,840	6,015	2,341	969	33,385
02年	9,315	4,991	6,676	10,256	5,902	7,127	2,878	47,146
03年	6,312	6,509	3,433	8,738	5,423	7,008	1,132	38,555

年度 (4月-翌年3月)	リース債権	クレジット債権	消費者ローン	住宅ローン	不動産関連	CDO	その他	合計
94年	148	150	0	0	0	134	0	432
95年	0	0	0	0	0	0	249	249
96年	610	1,100	0	0	194	245	365	2,514
97年	2,644	1,165	75	320	280	5,732	757	10,973
98年	5,024	4,527	611	0	1,636	5,668	697	18,164
99年	5,723	5,463	904	1,232	4,259	4,515	1,698	23,794
00年	6,898	5,029	516	4,679	4,535	373	3,511	25,540
01年	9,172	5,692	7,308	6,652	6,853	3,449	816	39,941
02年	7,414	5,213	5,338	10,541	5,777	9,560	3,019	46,863
03年4月-9月	3,312	2,365	1,563	4,319	1,574	2,029	805	15,968

注：短期格付けを取得した案件を除くベース．クレジット債権にはオートローンを含む．住宅ローンには住宅金融公庫債を含む．
出所：ドイツ証券会社証券化商品調査部

短期格付けを取得した案件を含むベース　（単位:億円）

暦年 (1月-12月)	リース債権	クレジット債権	消費者ローン	住宅ローン	不動産関連	CDO	その他	合計
94年	148	150	0	0	0	0	0	298
95年	0	0	0	0	0	134	147	281
96年	200	300	0	0	137	245	228	1,110
97年	1,999	1,168	75	320	337	4,922	839	9,661
98年	3,399	2,847	219	0	600	4,373	695	12,133
99年	6,030	6,620	1,016	533	2,780	5,405	770	23,154
00年	6,460	4,601	692	4,386	5,813	1,263	5,052	28,267
01年	8,362	5,579	5,279	4,840	6,015	2,341	2,142	34,558
02年	9,315	4,991	6,676	10,256	5,902	9,127	3,171	49,439
03年	6,312	6,509	3,433	8,738	5,423	18,026	1,378	49,819

年度 (4月-翌年3月)	リース債権	クレジット債権	消費者ローン	住宅ローン	不動産関連	CDO	その他	合計
94年	148	150	0	0	0	134	0	432
95年	0	0	0	0	0	0	249	249
96年	610	1,100	0	0	194	245	365	2,514
97年	2,644	1,165	75	320	280	5,732	757	10,973
98年	5,024	4,527	611	0	1,636	5,668	697	18,164
99年	5,723	5,463	904	1,232	4,259	4,515	1,833	23,929
00年	6,898	5,029	516	4,679	4,535	373	4,525	26,554
01年	9,172	5,692	7,308	6,652	6,853	3,449	1,582	40,707
02年	7,414	5,213	5,338	10,541	5,777	16,209	3,268	53,761
03年4月-9月	3,312	2,365	1,563	4,319	1,574	7,805	922	21,860

注：クレジット債権にはオートローンを含む．住宅ローンには住宅金融公庫債を含む．
出所：ドイツ証券会社証券化商品調査部

コラム⑩　預金担保債にトリプルA格が可能な理由

　今から思えば，一時的な流行だったが，2002年の秋から2003年春にかけて組成された大手銀行によるシンセティックCDOは，その多くがSPCが発行する債券の代り金をオリジネーターに対するオフショア預金（但し，オリジネーターの格付けなどが一定水準を下回った場合に預け替えをする条件付き）で運用している預金担保債であるにもかかわらず，オリジネーターの格付けを大幅に上回るトリプルA格のものが存在する．一昔前にこのようなシンセティックCDOが組成されたら，その格付けは預金先の銀行の格付けが上限になってしまっていただろう．格付け会社の考え方が1997〜98年頃と2002年に大きく進化し洗練されたために，現在ではこのような格付けが可能となっている．

　決して遠い昔のことではないが，1997年から1999年にかけて邦銀が貸付債権の証券化を積極化した時期がある．当時は債権譲渡特例法の施行前であったために，日本国内の貸付債権の譲渡にかかる対抗要件を具備するには，民法の本則に基づき，債務者に対して通知を行うか債務者の承諾が必要であったところ，銀行は営業政策上の理由により，顧客に債権譲渡通知をしないまま貸付債権の証券化を行いたいと考えていた．そこで生み出された手法が「コンティンジェント・パーフェクション」と呼ばれる対抗要件具備留保方式による貸付債権の証券化だ．これは，当初は債権譲渡（ないし信託）にかかる第三者対抗要件の具備は留保しておき，オリジネーターの格付けがある一定水準を下回った場合等に債務者に通知あるいは債務者の承諾を得ることで対抗要件の具備を義務付けるものである．この方法でオリジネーターよりも高い格付けを行っていたのはムーディーズのみで，S&Pはこれに批判的なコメント[1]を出し，R&Iは同社のCLO格付け手法を発表する文書[2]でコンティンジェント・パーフェクションの場合はオリジネーターの格付けを上限とすると明言した．

1　S&Pからは複数のコメントが出ているが，いずれもオリジネーターの格付けを上回り得ないと結論付けられている．同社のクライテリアレポートの中で，たとえば，Legal Issues in Rating Structured Finance Transactions, Standard and Poor's Ratings Services, April 1998, pp. 128-131, Global CBO/CLO Criteria: Market Innovations, Standard and Poor's Rating Services, May 1998, p. 26

2　1999年11月1日付け株式会社日本格付投資情報センター（現在の株式会社格付投資情報センター）のニュースリリース『証券化クライテリア-CDOの格付け手法について』p. 3にて「オリジネーターの格付けを上限とする．」と述べられているが，その理由は説明されていない．

ムーディーズの言い分の要点はこうだ．コンティンジェント・パーフェクション方式の貸付債権証券化の帰結は，（1）最後までオリジネーターが破綻あるいは債務不履行を起こすことはなく，対抗要件を具備していないことが問題とならない，（2）オリジネーターの信用力（あるいは格付け）が徐々に低下し，対抗要件を具備した後，危機否認が問題とならない時間が経過した後に破綻する，（3）オリジネーターの信用力が急速に悪化し，対抗要件を具備する時間的な余裕がないまま破綻してしまう，あるいは対抗要件を具備しても否認のリスクが発生する，という3つのシナリオのうち1つであり，そのうち（2）の可能性がゼロでない限り，オリジネーター自身の債務の信用力を上回り得る[3]というものだ．いまとなっては，ムーディーズの考え方に特に違和感を覚えることもなく，世間一般に素直に受け入れられそうなものだが，1998年当時はS&Pの「オリジネーターの格付けを上回り得ない」とする考え方を支持していた人も多かっただろう．ストラクチャードファイナンス格付けや保証債の格付けでは「ウィークリンク」の考え方が主流だったからだ．その後，1998年秋には債権譲渡特例法が施行され，債務者に通知することなく債務者を除く第三者対抗要件が具備できるようになった．債務者対抗要件については，実質的には相殺リスクのみが問題となるので，仕組み上の手当てにより対処することも可能となった．そして，1999年春には多くの大手銀行に公的資金の注入が行われ，邦銀による第一次貸付債権証券化ブームは完全に終息した．いまさらコンティンジェント・パーフェクション議論を蒸し返すつもりはないが，時代とともに格付け会社や市場参加者の考え方が変遷し，進化するという事例として覚えておきたい．格付け会社のストラクチャードファイナンス格付けの考え方も相当に洗練されてきており，市場参加者の目も肥えてきた．いまどき「ウィークリンク」（関係者のうち最も信用力の弱い主体の格付けが上限となる）を素直に受け入れる人はいないだろうが，1990年代前半まではむしろ「ウィークリンク」の考え方が常識だった．

主要格付け会社のストラクチャードファイナンス格付けの考え方としては，スワップカウンターパーティー，適格預金口座の基準，資金運用の基準，受託

---

[3] ムーディーズのスペシャルレポート Bystrom, Benjamin, et al. "Moody's Approach to Contingent Perfection Structures" April 17, 1998, Moody's Investors Service および具体的案件の例として，倉崎啓子，ハーベスト・ファンディング・コーポレーション債（さくら銀行による貸付債権証券化案件）に関する1998年5月1日付け新発債レポート（ムーディーズジャパン株式会社）

者の要件，ソブリン格付けによる制約などがここ数年で目立った変化が見られた分野だ．何れも「ウィークリンク」からの脱却という点で共通である．考えてみれば，スワップカウンターパーティーがデフォルトしても証券化商品がデフォルトしない可能性がある限り，証券化商品の信用力はスワップカウンターパーティーのそれを上回り得るはずだし，政府が国債について債務不履行を起こしても，証券化商品の元利払いが可能だと説明できるなら，証券化商品の格付けが国債のそれを上回ってもおかしくはない．大きな変化は1997年～98年と2002年から03年にかけて起きており，表面的には基準緩和の方向での変化だが，これは格付けが甘くなったことを意味するのだろうか，それとも，以前は必要以上に厳しすぎたあるいは非合理的にまで保守的だった格付け基準が合理化・適正化されたということだろうか．私にはおおむね後者のように思えるが，理論的な裏付けがやや不足している部分も一部にあることは否めない．

金融危機は市場成長の追い風

　また，ジャパンプレミアム（国際金融市場における邦銀に対する信認低下に伴い，邦銀にとって外貨の調達コストが上昇した現象）対策として，日本長期信用銀行（現在の新生銀行）は1997年10月，ニューヨーク支店にて総額27億ドルの貸付債権の証券化[54]を行った．北海道拓殖銀行は，本邦初のアパートローンの証券化[55]を1997年11月の経営破綻直前に実施している．この時期の銀行による証券化は，一部に（当時流行していた）不良債権等の証券化（ただし，保証やリコースが付いたもの）も含まれている．また，1998年からリース，クレジット債権の証券化が急速に拡大したが，これは金融危機の中，大手リース会社，信販会社が銀行の貸し渋り・貸し剝しにより資金調達を他に求めざるを得なかったという事情があったからである．1999年春の大手銀行への公的資金注入を契機に，しばらくは銀行のCLOは下火となったが，ノンバンクによる資産証券化はその後も引き続き活発に行われている．ノンバンクにとって資金調達手段として定着してしまったからだろう．

　また，2002年後半から2003年春にかけて，ふたたびBIS対策（規制上の自己資本比率対策）として大手銀行がシンセティックCDOを多く組成したため，2003年の証券化商品の発行額が嵩上げされているが，2003年4月以降は，株価

---

[54] US $ 2.7 billion Platinum Commercial Loan Master Trust I（1997年10月発行）は，邦銀が海外で行った初の貸付債権の証券化であるのみならず，クレジットカードの証券化に利用されていたマスタートラスト方式を応用した画期的なものであった．詳しくは白石洋一『貸出債権証券化の方法』東洋経済新報社，2000年参照．これから4年あまり後の2001年12月に新生銀行が国内でマスタートラストを利用した貸付債権の証券化を行った際，「新生銀行による初のマスタートラスト型CLO」（S&Pによる2001年11月14日付け「シンセイ・ファンディング・ワン特定目的会社」プリセールレポート）と喧伝されたが，新生銀行（旧長銀と同一の法人）が行った初のマスタートラスト型CLOは1997年10月発行のPlatinum Commercial Loan Master Trust I であった．マスコミ報道や格付け会社のプリセールレポートに「初の」という語句が見られたら，疑ってかかるのが良いかも知れない．初物ではないにもかかわらず，「初の」という派手な見出しで報じられる証券化取引の多さに私は辟易している．本当の初物を手がけた人の気持ちを察して欲しい．

[55] 1997年11月14日に発行されたAuroral Genesis Limited発行，総額320億円のユーロ円債が日本で初の住宅・アパートローンの証券化商品（RMBS）であった．発行の翌営業日（11月17日）の早朝，拓銀が経営破綻状態となっていることが明らかになったこともあり，この案件は関係者の記憶から薄れつつあるようだ．

の回復などを背景に，BIS 対策としての証券化は下火になった．証券化商品の発行額が急速に伸びた時期（1997年〜1998年，2002年〜2003年）は，金融危機的な環境で，大手銀行による様々な動きが直接・間接的に証券化商品の発行を促したという背景があったことがわかる．つまり（少なくとも過去を振り返る限りは），金融危機は証券化にとって追い風であったと言えよう．

住宅ローンの証券化が本格化

諸外国では，証券化対象資産としては，住宅ローンが主流[56]となっている場合が多い中，日本で住宅ローンが本格的に証券化され始めた[57]のは2000年頃からである．消費者向け債権の中では，住宅ローンがもっともデフォルト率が低く，債務者の支払意思が高いことはよく知られている．本来であれば金銭債権の中でも住宅ローンが最も証券化に適した資産だ．しかし，日本では，住宅金融公庫などの公的機関が住宅ローン貸出市場において大きな存在であったことや，大手銀行に住宅ローンをオフバランス化する動機が乏しかったことが住宅ローンの証券化がなかなか進展しなかった大きな理由となっている．現在では，住宅金融公庫（2007年に独立行政法人に改組予定）が積極的に住宅ローンの証券化を行っている他，民間でも，都銀，生命保険，地銀，モーゲージバンク（住宅ローンを専門とする貸金業者）などへ住宅ローン証券化の動きが着実に広まっている．

日本の証券化商品は，住宅ローンの証券化商品を除けば，比較的発行年限が短いことが特徴で，平均年限が3年以内のものが過半を占めるのが常態化している．超長期の貸付債権である住宅ローンの証券化が進むことで，投資家にとっても，投資期間の多様化を図れることになろう．

---

[56] 少なくとも，現状では，米国，英国，オーストラリアの各国で，証券化対象資産は圧倒的に住宅ローンが多い．
[57] 日本初の RMBS（住宅ローンの証券化）として1999年6月発行の SHL Corporation Limited 発行，総額503億円のユーロ円債（三和銀行―現在の UFJ 銀行―がオリジネーター）を挙げる文献が多いが，それは誤りであり，本邦初の RMBS は，正しくは1997年11月発行の北海道拓殖銀行によるもの（注55参照）．

図表6－2　証券化商品の発行年限別内訳

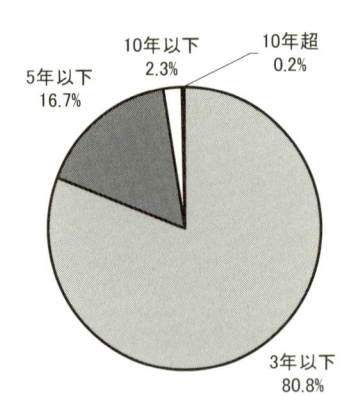

- 3年以下　80.8%
- 5年以下　16.7%
- 10年以下　2.3%
- 10年超　0.2%

注：2003年1月-9月に発行され（平均）年限が公表された円建て証券化商品の発行額を対象に算出．但し，住宅金融公庫債を除く．
出所：ドイツ証券会社証券化商品調査部

第2節　今後の展望

　日本の証券化市場は今後どのような展開を見せるだろうか．ひとつの方向性としては，事業債と証券化の中間分野の開拓が進む可能性があることだろう．資産証券化は，発行体（SPV）の経営の裁量がなく，当初譲り受けた資産（あるいは契約で定められた一定の資産）の運用処分のみを行い，生み出したキャッシュフローを優先的に債権者（証券化商品の投資家）へ払い出してしまうという構造を取ることが一般的である．経営の裁量という債権者にとっての不確実性を排除することで，事業債に比べより小さなバッファーでより信用力が高いと評価され，格付け会社から比較的高い格付けを取得できる．一方の事業債は，事業会社が債権者（社債権者）からお金を借りるだけのことであり，事業会社は今後，営業方針や事業内容を大きく変更するかも知れないし，営業キャッシュフローを優先的に債権者への弁済にあてるとは限らず，新規の投資

や企業買収や自社株買いに使ってしまうかもしれないという不確実性を内包したものである．

事業の証券化

中間領域のひとつは投資法人（日本版会社型不動産投資信託，いわゆる J-REIT）が発行する社債（投資法人債）である．不動産会社の社債と不動産の証券化商品の中間的な性質を有すると考えられる．もうひとつは，事業の証券化（whole business securitisation, WBS）である．事業の証券化は，一定の条件を満たせば担保権者の担保権行使を妨げられないという債権者に有利な倒産法制を持つ英国で発生し発展したことから，会社更生法がある日本や連邦倒産法がある米国では応用が困難と考えられていた時期もあったが，経営の裁量を制限することで，将来のキャッシュフローの確実性を高めるという発想を持てば，我が国にも応用が可能だ．

政府系金融機関による証券化

もうひとつの方向性というよりは，今後の動きとして，政府系金融機関が政策目的遂行のため，あるいは，民間金融機関等による企業与信活発化の呼び水として資産証券化を活用することが予想される．公的な機関が証券化を活用して民間銀行による企業向け与信を活性化することは，ドイツでは既に2000年頃から様々な形で行われてきており，それと類似する動きが今後は日本でも本格化するだろうという見方だ．ドイツの公的金融機関であるドイツ復興金融公庫（通称 KfW）は，2000年以降，数多くの民間銀行のシンセティックCDOの組成に関与しており，2003年には民間銀行等5行との共同出資で貸付債権証券化を行う特別目的会社を設立し，ドイツの金融機関が保有する優良債権（投資適格級債権）の証券化を推進する方針（これを KfW は "true sale initiative" と呼んでいる）を発表，今後は大規模な貸付債権の証券化を行うと見込まれる．

日本では，商工中金は2003年中に少なくとも3回，貸付け債権の証券化を行っている他，民間銀行が組成した証券化商品を投資家として購入している．また，中小企業金融公庫は平成16年（2004年）度から中小企業向け貸付け債権の買取りおよび証券化を開始すると報じられている．政府系金融機関に対しては，資産圧縮に対する政治的な圧力や，民業圧迫との批判が存在することもあり，資産を増加させずに中小企業向け与信など政策金融を積極化する手段として，政府系金融機関が今後，資産証券化を活用する可能性は高いだろう．政府系金融機関が資産証券化を行う場合，必ずしも民間金融機関等による貸付債権の証券化のスキームを応用する必要はないと思われる．なぜならば，一般的な証券化のスキームは，資産の譲渡が真正売買であり，担保取引ではないことを明確にするために多大なコストを掛けて仕組みを構築するが，この最も大きな理由は担保権者の権利行使を大きく阻害する会社更生法の存在であるからだ．会社更生法は株式会社にしか適用があり得ず，オリジネーターが特殊法人（株式会社形態のものを除く）や独立行政法人の場合はそれほど気にする必要がないとも言えよう．一例として，住宅金融公庫債が採用しているような信託受益権を担保とする財投機関債の発行があり得る．もっとも，残念ながら，この方法では，政府系金融機関の資産圧縮にはつながらない．

　政府系金融機関は日本ではしばしば「官業による民業圧迫」などと民間銀行やマスコミによる批判の対象になりがちだが，民間銀行が十分な信用創造機能を有していない時期は政府系金融機関，政策金融の役割を否定してしまうのは行き過ぎた考え方であろう．ただ，本来であれば，中小企業金融や政策的意義の小さい住宅ローンなど個人向け与信についても，資本主義経済における商業ベースの取引であるべきであり，採算を度外視する貸出金利が定着してしまうと，民間の参入障害になり得る．政策金融だけで全ての中小企業金融問題を解決しようとするのは非現実的であり，究極的には民間銀行による与信を積極化する呼び水あるいは触媒として政策金融が機能することが望ましいだろう．一部の民間金融機関が中小企業金融に積極的に取り組み始めているが，民間サイドおよび金融監督当局サイドでも中小企業金融について今後解決してゆくべき

課題は多い．

市場の拡大と流通市場の生成

　日本の金融システムが一朝一夕に変貌を遂げるとは思わないが，間接金融から直接金融への動き，資本市場の活用といった方向性にあることは間違いなく，証券化市場の果たす役割も拡大基調が続くだろう．近い将来には証券化商品が資本市場におけるごくありふれた投資対象となり，あまりにもありふれているがために誰も改めて証券化について論じることがなくなる時期が来るかも知れない．

　オリジネーターや投資家の観点からは考えておくべきことがある．日本の証券化商品に関する情報開示（なかでも，月次の資産パフォーマンスや信用補完水準などのレポート）が欧米に比べ大幅に遅れており，2003年現在ではきちんと月次で情報開示している案件は氷山の一角としかいいようのない状況である．日本の証券化市場は今後，透明性が高く流動性に優れるセクターと，そうでないセクターに二極化していく可能性がある．今後，流通市場が発達すれば，差異がより明確になり，価格形成（流通スプレッド，更には同種の案件の発行スプレッド）にも影響してくるだろう．継続的な情報開示に優れるものとそうでないものが発行条件や流動性，流通価格において差別化されてくる可能性を指摘しておきたい．

コラム⑪　ようやく認知された国内完結型 SPC

　2002年6月下旬に発行された UFJ 銀行の東京本部ビルを裏付けとする CMBS において，公表格付けを取得した案件としては初めて特定持分信託が用いられた．特定持分信託が用いられたのは初のケースではないが，本件はムーディーズ，S&P，R&I の3社から格付けを取得したという点で注目に値する．特定持分とは，株式会社の普通株式に相当する権利であり，過去の案件ではほぼ例外なくケイマン SPC に保有させていた．日本国内だけで完結する SPC を用いた資産証券化がようやく主要格付け会社にも認められたことは証券化市場における大きな進歩と考えたい．

　信託受益権をそのまま投資家に販売するスキームを除き，従来の日本の資産証券化取引においては，裏付け資産が日本に存在し，オリジネーターもサービサーも投資家も日本に存在し，主要な契約を日本法に準拠して締結する純粋な日本国内取引であっても，なぜか必ずケイマン諸島の SPC など外国法人が登場していた．

　資産証券化取引において用いられる SPC は，倒産隔離が図られることに加え，中立的な存在であることが求められる．ここでいう倒産隔離とは，SPC 自身の倒産防止に加え，オリジネーター等の関係者が倒産した場合の悪影響を受けないような一般的な措置のことだ．また，オリジネーターは投資家と重要な利益相反を有すると考えられ，オリジネーターが株主となって議決権を有するなど SPC を支配することは避けねばならない．なぜなら，株主あるいは取締役としての権利を用いて投資家に不利な行動を起こす可能性があることや，会計上オリジネーターと連結され，更には法人格否認の可能性まで考えられるからだ．

　このため，資産証券化スキームにおいて，日本法に基づく株式会社（商法に基づく）や特定目的会社（資産流動化法に基づく）を SPC として利用する際は，その株式や特定出資持分を海外に設立した SPC に保有させ，その海外 SPC の発行済み株式は全て信託宣言の方法により慈善信託（チャリタブルトラスト）に譲渡することで，「孤児 SPC」(orphan SPC) にするという方法が常に用いられてきた．信託宣言による慈善信託は，日本では信託宣言が認められるかどうかについて疑義があることから，英米法系の国・地域で行うことになる．ほぼ例外なくケイマン諸島が選ばれるのは，ケイマン諸島の法律事務所や信託会社が日本を含むアジア地域の顧客に対して商売熱心であること，ケ

イマン諸島に会社を設立維持するのにそれほど大きなコストはかからないこと，法人税・所得税などが課されることはなく，向こう15年間有効の免税証明書を当局が発行することなどが背景としてある．しかし，租税回避地あるいはマネーロンダリング規制に非協力的ということで国際的に批判が高まっているケイマン諸島に依存し続けなければならないのかという疑問が湧くのは自然だろう．

特定目的会社における特定出資持分の保有者は，株式会社の株主とほぼ同様の権利を持つ．この特定社員の権利を無害化・中立化することを意図して資産流動化法改正施行により2000年11月に導入された制度が特定持分信託[1]である．つまり，制度導入から1年半以上も経てようやく格付けを取得した案件で初めて用いられたことになる．それまで利用がなかなか進まなかったのは，当初，一部の格付け会社が否定的な意見を有していたからである．なかでも，最も大きな問題として指摘されていたのは，信託契約の解除のリスクが完全に排除できていないということだ．資産流動化法31条の2，2項4号が「信託の解除を行わないこと」を信託契約に盛り込むことを要求し，そのような条件が信託契約に含まれているにもかかわらず，信託法58条による裁判所の解除命令の対象になり得るという解釈である．これに対しては，資産流動化法は信託法に対する特別法だから，そのような解釈は不自然だという意見もある．また，仮に信託法58条リスクを排除できないとしても，裁判所が解除するべきとの判断をする可能性があるかどうかという観点で検討する必要もあるだろうし，仮に解除されてしまったらどういう場合に投資家にとって不利益になり得るのかを考えるべきだろう．また，受託者やオリジネーターの動機がどの程度あり得るのかを考えてみる価値もある．そもそも資産流動化法が法定要件として要求している解除禁止を，信託法58条（裁判所の命令が必要）や委託者倒産時に双方未履行の双務契約として解除を試みることにどれだけの実質的なメリットがあるのだろうか．さらに，仮に解除されてしまっても，委託者たるオリジネーターは，議決権を行使して，いったい投資家に対してどのような不利益を与える行動ができるのだろうか．このように考えてみれば，立法者が意図した通りに，素直に特定持分信託を利用してもよさそうなものである．

ユーエフジェイタワー特定目的会社によるUFJ銀行東京本部ビルの証券化案件は，主要格付け会社が初めて公に認めた特定持分信託利用案件であるが，

---

[1] 特定持分信託制度導入の背景及び立法趣旨については，長崎幸太郎（編著）『逐条解説 資産流動化法』金融財政事情研究会，2003年，pp. 36-44, pp. 130-133 が詳しい．

これにはいくつか特徴がある．まずは，受益者を2名としている点である．これについては，ある格付け会社は受益者が2名以上であることを（信託法58条による解除命令リスク排除のため）必須としているが，別の格付け会社はより柔軟な考えを持っているようだ．また，自然人が受益者となっている．この点については，特に格付け会社がそう要求しているのではなく，法人でも構わないようだ．むしろ，死亡や相続の問題が発生しない法人の方が好ましいとも考えられよう．受益者がオリジネーターあるいはオリジネーターの役職員でもかまわないかどうかについても格付け会社によって意見は分かれているので，安全を期してオリジネーターと無関係な弁護士と会計士にしたようだ．つまり，ユーエフジェイタワー特定目的会社案件における特定持分信託の利用は，最大公約数的に余計な議論を避ける保守的な方法だったとも言えよう．今後の特定持分信託の利用に当たっては，必要以上に本件の構成に束縛される必要はないだろう．

　なお，S&Pは2003年10月15日に「特定持分信託制度による証券化の倒産隔離性」と題するレポート[2]の中で，受益者が1名の場合であってもトリプルA格の案件に適格と考える旨を発表した．

　また，2002年4月に施行された中間法人法に基づく有限責任中間法人をケイマンSPCの代りに利用[3]し，更には，受託者として利用することを提唱する論者[4]もいる．実際に有限責任中間法人を利用する証券化取引は複数出現してきている．

---

[2]　受益者が単独の場合について，「特定持分信託という制度が，受益者の倒産から信託財産を隔離するという趣旨でつくられたものであることから，裁判所がその制度趣旨に反して受益者その他第三者の利益を尊重し，信託の解除命令を発するリスクは極めて限定的であるとの結論に達した」としている（猪飼康，近藤健志，スタンダード＆プアーズ，格付規準，2003年10月15日付け「特定持分信託制度による証券化の倒産隔離性」）．
[3]　藤瀬裕司「資産の流動化における中間法人の活用」『金融法務事情』No.1651　2002.8.25.号 pp.6-19
[4]　藤瀬裕司「資産の流動化における信託SPVの可能性」『NBL』No.771（2003.10.15.）pp.35-42

第 7 章
リサーチアナリストの役割

第 1 節　職業（プロフェッション）としての ABS アナリスト

　私の仕事について少しだけ触れさせて欲しい．私の現在の仕事は証券化商品を対象にするリサーチアナリストであり，ひとことで言い表すならば「ABS アナリスト」とか「証券化商品アナリスト」ということになる．

　現在，日本に ABS アナリストと名乗れる仕事をしている人が何人いるのだろうか．格付け会社で ABS の格付けをしている人を除けば，おそらくせいぜい十名前後だと思われる．しかも，過去を振り返れば，2000年初め頃までは日本に ABS アナリストは一名も存在しなかった．発生してから歴史も浅く，両手で数えられるほどの人数しか携わっていない職業がなかなか理解してもらえないというのは不思議ではない．

　しかし，ABS アナリストといっても，リサーチアナリストの一類型に過ぎない．リサーチアナリストというと，株式市場で個別銘柄の評価を行う株式アナリスト，マクロ経済や産業動向を調査し資産配分などの投資戦略を推奨するストラテジスト，債券発行体の信用力を分析し社債やクレジットデフォルトスワップの投資評価を行うクレジットアナリストなどが含まれる．そう説明すれば，ABS アナリストの存在がそれほど不思議ではなくなるのではないだろうか．

第 2 節　リサーチアナリストの役割と心がけ

　リサーチアナリストは資本市場におけるエージェンシーコストの低減に寄与するべき存在だ．たとえば，株式や社債の発行体である企業と，それを投資対象として検討する投資家の間には大きな情報のギャップ（情報の非対称性）が存在する．投資家は発行企業に関する全ての情報を知り得ないなかで，出資者

としてあるいは債権者として資金を投下することになる．正しい選別や合理的な価格付けが行われないと，投資家にとって必ずしも最適な投資行動を行うことができない．これは，リスクに見合ったリターン（期待収益）を得られないという意味で投資家にコストがかかることになる．情報開示が進んでも，開示される情報を個々の投資家がすべて独自に入手し評価したうえで投資判断につなげることは現実的に容易でなく，個別の投資家が独自に大勢のアナリストを雇って情報収集と分析を行うことは人件費などの経費としてのコストや十分にカバーしていない業界やセクターに投資できないことによる投資機会の逸失コストがかかる．このような投資家にとってのコストを若干でも軽減するのがリサーチアナリストの役割だと思っている．

　リサーチアナリストのうち，投資家が雇っている人のことをバイサイド・アナリストという．バイサイドとは，「買い手側の」という意味だ．現在の日本では，バイサイド・アナリストの数はそれほど多くはないようだ．一方，証券会社などの金融仲介業者が雇っているアナリストをセルサイド・アナリストという．証券会社や証券会社系列のシンクタンクが大勢リサーチアナリストを抱えていることからも容易に想像できるが，セルサイド・アナリストの人数はかなりの数だろう．

　職業人としての私はそのようなセルサイド・アナリストの一員であり，調査の対象を株式でも個別企業のクレジットでもなく，証券化商品に特化しているアナリストである．実は，セルサイド・アナリストはバイサイド・アナリストとは違って，微妙な立場に置かれている．売り手（証券会社）と買い手（証券会社の顧客，投資家）の利害が本質的に相反する以上，利益相反の可能性があるからだ．

　私自身，仲介業者（証券会社）に雇われてはいても，投資家の利益を第一に考え，自分自身が投資家に仕える身であることを忘れないよう常に意識しているつもりだ．しかし単にアナリスト個人が意識するだけではすまない場合があり得る．証券会社の引受部門（あるいは投資銀行部門）は株式や社債の引受けで収益を得る．引受部門にとってはできるだけ高い価格で（社債であればでき

るだけ低い利率で)投資家に販売することができれば,それだけ引受部門の顧客である発行体に喜ばれることになり,将来のビジネスにもつながる.このため,引受部門は自社のアナリストに発行体に有利になるようなレポートを書かせようとするかもしれない.あるいは,アナリストが受け取る報酬が所属する会社の引受業務から発生する収益に連動するようなことがあれば,投資家よりも引受業務を第一に考えたレポートを書いてしまうかもしれない.証券の引受販売において,発行体あるいは証券会社の引受部門と投資家の利害は明確に対立することは否定しようがない.

同様なことは,格付け会社のアナリストについても言えるだろう.格付け会社は発行体から依頼を受け,格付けをし,発行体から格付け手数料の形で収益をあげている.証券化商品の場合は,オリジネーターやアレンジャーから依頼を受けることになるが,本質は同じだ.しかし,格付け会社の商品である格付けや格付け意見は,本来的には投資家のためにあるものであるべきだ.

このため,アナリストの中立性を保つために,2002年頃から米国では SEC(証券監督委員会)が様々なルールを作り,日本では日本証券業協会がガイドラインを定め,各証券会社に社内ルールを作りそれを遵守するよう求めている.また,更に日米両国でアナリストの監視を強化するような方向で規制強化が検討されているようだ.これらの規制強化は,引受部門がアナリストに干渉できないようにする,アナリストの報酬は引受業務の収益分配にならないようにする,アナリストが中立的な立場でバイアスをもたずに意見表明できることを担保するというようなことが基本的な思想となっている.このようなルールが最近になって策定されるようになったのは,2001年以降,米国で株式アナリストによる不祥事が次々と発覚したことが契機になっていることは間違いない.ただ,日本におけるそのような不祥事は聞いたことがないのだが.

日本で気を付けなければならないのは,年功序列や儒教的な年長者を敬う習慣が残っており,社内の異なる部門であっても,若年者は年長者に逆らいにくく,年長者が影響力を行使しやすい土壌があるという点だ.アナリストが属するリサーチ部門が20代や30代中心で,引受部門のトップが50代でスタッフが40

代中心であるような場合に，腐敗が起きないよう細心の注意が必要だろう．アナリストの活動を制限する形式的な規制を強化することは，必ずしもアナリストの中立性を保つという目的を達成するうえで効率的な方法とは言えないのではなかろうか．

コラム⑫　流行語と証券化の組み合わせ

「事業再生」は，2002年あたりから流行語になっていることは間違いないが，流行語といえば，1995年から97年にかけての「不良債権」と「証券化」がセットで語られた時期を思い出す．当時，いくつかの銀行が不良債権の証券化と呼ばれる取引を行った．しかし，これらは，潤沢な信用補完措置を施すか，オリジネーターの銀行に対して実質的にリコースとなるような証券化商品に仕立て上げられ，投資家としては多くの場合オリジネーターの銀行リスクと割り切って購入できるものであった．また，各行がわずか数十億円から百億円程度の不良債権または担保不動産（更には不良債権ではなく正常債権）の証券化を１回だけ行ったもので，金額的な重要性はなかった．しかし，これらの取引は，マスコミに大きく取り上げられたため，それなりの宣伝効果を享受することはできただろう．しかし，オリジネーターにとって不良債権処理に寄与したとは到底言えないだろう．

このように，過去にも流行語と証券化を組み合わせる試みがあったように，「事業再生」と「証券化」を組み合わせて考える試みも出現し始めている．「事業再生」と「証券化」というふたつのキーワードの組み合わせは，本来的には相性が悪い組み合わせのように思える．「事業再生」とは，経営不振企業または倒産企業の一部または全部の事業を，中長期的に安定したキャッシュフローを生み出せる方向でてこ入れを行うことを意味すると思われる．それには，債務免除や金利減免その他貸出条件の緩和，デット・エクイティ・スワップなどの手法による過剰債務問題の解決，更には，民事再生手続きなど法的な倒産手続きを用いた債務整理が検討されることが多いだろう．将来，「事業再生」の対象となる企業に対する債権を証券化することは，簡単には債務免除等に応じない融通の利かない債権者を追加的に作り出すことになりかねないのではなかろうか．

事業再生に向けた様々な動きの中で，証券化を利用できる場面があるとすれば，企業の債務削減のために，保有する資産を証券化することであろう．現実的には，不動産の証券化が考えられる．また，一部に再生先向け債権を含めた不動産担保ローンの証券化や，民事再生手続きを行ったゴルフ場運営会社に対する担保付き貸付債権の証券化などが2003年には出現した．これらの事例から，

再生の候補となる企業に対する債権よりは，再生後あるいは再生過程（たとえば，民事再生計画認可後）にある企業に対する債権など，将来のキャッシュフロー見込みが立ちやすい（あるいは，債務整理を行った後であり，担保によって十分にカバーされていると評価できる）債権がより証券化に向いているのではないかと思われる．資産の証券化は，信用リスクの加工と優先劣後構造による分割移転を用い，リスク負担に慎重な公社債市場の投資家の資金を多く取り込むことで，リスクマネーのみによる資金調達よりはコスト面で有利な調達を目指すものだが，不確実性が高ければ高い程，そのコストは高くなる．このため，将来のキャッシュフローについて一定水準以上の不確実性が想定される資産については，公社債市場を対象にした証券化商品に仕立てるよりは，ハイリスク・ハイリターン型の投資を狙う投資家を対象とするプライベート・エクイティ商品に仕立てることでファンディングを行う方が理にかなう場合も多いだろう．

付録1　証券化について理解を深めるには

　私が本書で述べた見解の全てが私のオリジナルであるわけもなく，私自身の知識の習得や意見形成において，多くの法律家，実務家，同僚や友人の著作に触れ，意見交換をしたことが役立っているし，多くの出版物にも影響を受けてきたことは間違いない．

　証券化をとりあげる出版物は既に数多く存在する．注意するべきは，証券化の実務は日進月歩で変貌しており，法制度の改正も頻繁に行われていることから，最新の情報を入手しようとすれば，出版物にあたるのは正解ではないということである．証券化関連の法制度の改正とそのインプリケーションについては，旬刊金融法務事情（金融財政事情研究会），NBL（商事法務）のような法務系の雑誌に随時掲載される専門家の論考や，証券化に携わっている法律家や実務家のコメントが参考になるであろう．証券化関連のセミナー・講演会なども最新の情報に基づく関係者の意見に接する機会をもたらす．

　私は決して証券化について体系的に学んだことはなく，そもそも私が証券化に手を染め始めた1990年代半ばには出版物から得ることのできる知識は断片的で量的にも限られていた．これは日本に限ったことではなく，証券化発祥の地である米国においても同様であった．振り返ってみると，私は数多くの証券化案件を実際に作り上げ，分析し，多くの関係者と議論を重ねることで，証券化についての理解を深めて来たように思える．証券化は決して抽象的な概念ではなく，全てが数式や理論で説明が尽くせるものでもない．証券化とは，具体的な個々の取引の積み重ねの上に存在している概念だ．急がば回れ，個別具体的な案件について1件1件理解を重ねることが，帰納的に証券化を理解する近道なのかも知れない．現実の証券化は実践であって，理論ではない．証券化に関する知識は（この本を含め）何かを読みさえすれば理路整然と体系的に身に付くものではないだろう．これから証券化について学び，理解を深めたい向きに

は，まずは，具体的な個別案件の目論見書（有価証券届出書，商品内容説明書）と格付け会社による格付けレポート（プリセールレポート等，格付け見解が詳細に記載されている文書）を入手して，それを熟読してみることをお勧めしたい．

参考文献

　ここでは証券化についてある程度網羅的に取り上げている一般に市販されている単行本の中から，初心者にとって参考書として利用しやすいと思われるものをいくつか紹介しておきたい．なお，以下に挙げた書籍以外にも良書は多数存在することをお断りしておく．

井上直樹，西村信勝，他『金融先端用語辞典　第2版』日経BP社，2003年
証券化，デリバティブ，資産運用といった分野で用いられる用語を的確かつ簡潔に解説．英語と日本語による例文も掲載されており，翻訳者や通訳にとっても有益な参考書となろう．

格付投資情報センター（R＆I）『資産担保証券投資ガイド―R＆I格付けシリーズ（3）』日本経済新聞社，1998年
証券化商品の格付けを行っているアナリストが各種の証券化対象資産の特徴を十分に踏まえた上で議論を展開しており，極めて質の高い証券化入門書．内容がやや古くなってしまっていることが難点ではあるが，R＆Iの格付けアナリストによる論評や格付けの考え方は，同社の定期刊行物『月刊レーティング情報』にも頻繁に掲載されており，本書と併読すると良いだろう．

北康利『ABS投資入門』シグマベイスキャピタル，1999年
日本におけるABS市場がようやく本格化し始め，証券化市場における初のサービサー倒産が発生した1998年前後についてビビッドに感じ取ることができる書物である．

著者ははしがきで「同業者から『発生可能性の極端に低いものまでリスクとして挙げるのは,無用な不信感を煽るだけではないか』との批判がでるのは覚悟の上で」,「思い付く限りのリスクを列挙しました」と述べているが,その姿勢について私は全面的に賛同したい.リスクに気付かない,あるいは,気付いても見て見ぬふりをするのは正しいことではなく,リスクをきちんと正面から見据えて,それを評価するという姿勢が望ましい.

田邉敏憲『大逆転!日本金融』(中公新書クラレ83) 中央公論新社,2003年
官民挙げて本格的に取り組んでいる中小企業金融.証券化,クレジットデリバティブ,ローントレーディングを通じて中小企業信用リスクの流通市場を活性化させ,ひいては中小企業向け与信の活性化を推進する具体策を考えるうえで示唆に富む本.

杜羅三朗『証券化の基本Q&A』シグマベイスキャピタル,2000年,改訂2003年
杜羅三朗『クレジット商品の基本Q&A』シグマベイスキャピタル,2003年
証券化およびクレジット商品の基礎を理解するうえで必須のキーワードや概念をQ&A形式で簡潔明快に解説している2冊.気軽に読め,かつ,内容が濃い証券化の入門書兼参考書として推薦したい.

内藤伸浩『アセット・ファイナンス―資産金融の理論と実際』ダイヤモンド社,2003年
三井不動産で不動産の証券化に実際に携わった不動産を対象にしたアセット・ファイナンス論.

西村総合法律事務所編『ファイナンス法大全(下巻)』商事法務,2003年
実際に証券化に携わっている多数の実力派弁護士による著作であり,証券化にかかる様々な論点につき高度に網羅的に法的分析を展開している.本書は証券化だけをとりあげたものではないが,全体の約3分の1を証券化に割いている.なお,西村総合法律事務所は2004年1月1日付で西村ときわ法律事務所へ名称変更された.

日本債券信用銀行金融開発部編著『証券化商品入門』シグマベイスキャピタル，1999年

日本における証券化を教科書的に概観する良書．執筆から長い年月が経過してしまっており，現時点で改めて読み直すと，古く感じられる部分が多い．ただ，法制度は時の経過とともに変化し，仕組みや分析手法は日進月歩で変化するが，証券化の基本的な仕組みは時代を超えて不変である．本書が1990年代後半，証券化市場急成長の最中に書かれたことを考えれば，日本における証券化の歴史を振り返る際にも参考になる．

フランクJ．ファボッツィ，デイビッドP．ジェイコブ編，酒井吉廣監訳，野村證券CMBS研究会訳『CMBS』金融財政事情研究会，2000年

原書は米国で1998年に刊行されていることから，内容的に古さが感じられるが，日本のCMBSが米国より数年遅れで出現し発展したことを考えると，現在の日本の商業用不動産証券化関係者にとっても参考になる部分が多い．

水野裕二，河合祐子『詳説信用リスク商品―クレジット・デリバティブと証券化の実務』ISコム，2002年

クレジットデリバティブについて平易に解説した，優れた入門書．

情報源

　情報源は無数にあるが，ここでは，無償または安価で誰にもアクセス可能なものを挙げてみたい．

〈業界団体と業界関係者による情報サイト〉

ABS Net
http://www.absnet.net/
米国のシステム会社 Lewtan Technologies, Inc. が運営しているサイト．証券化商品のトラスティー，格付け会社，証券化関連の定期刊行物出版社その他報道機関が情報提供などを行っている．証券化に関するニュース，個別案件の裏付資産にかかる月次のパフォーマンス情報，格付けリリースや証券会社のリサーチなどを閲覧できる．一部のサービスは有料だが，無料で利用できる範囲内でも有益な情報が豊富に入手できるサイト．

American Securitization Forum
http://www.americansecuritization.com/
米国 Bond Market Association がスポンサーとなっている業界団体．

Australian Securitisation Forum
http://www.securitisation.com.au/
オーストラリアの証券化市場関係者による業界団体．

European Securitisation Forum
http://www.europeansecuritisation.com/
欧州の証券化市場関係者による業界団体．

Securitization Net

http://www.securitization.net/

米国の大手法律事務所 Mayer, Brown, Rowe & Maw LLP が主催している証券化に関する情報を提供する無料のポータルサイト。法律家によるコメントが充実している。

なお，証券化市場関係者による証券化に関する調査研究や政策提言を行う機能を有する団体が日本に存在しない（本書執筆時現在）のはややお寒い気がするが，現在，日本でも証券化に関する総合的な研究機能と，実務ニーズを踏まえた政策提言機能を持ち合わせた海外の各セキュリタイゼーションフォーラム類似の団体の設立に向けた動きがあり，本書が出版される直後（2004年4月）には立ち上がっている可能性がある．

格付け会社

　ほとんどの証券化商品は格付け会社の格付けを取得して発行されるため，格付け会社は重要な情報源として忘れてはならない．格付けの基本的な考え方（クライテリア，格付け手法）については各社ともウェブサイト上で公開している（なお，一部の外資系格付け会社は英語版のみを無料公開し，日本語版は有償としている）ようだが，それ以外のレポートについては，格付け会社によって，また，同一の格付け会社であっても時期によって無料で閲覧できるレポートの範囲に差異がある．詳細は各格付け会社にお問い合わせいただきたい．

スタンダード＆プアーズ　http://www.standardandpoors.co.jp/　（日本語）
　　　　　　　　　　　　http://www.standardandpoors.com/　（英語）

フィッチ・レーティングス　http://www.fitchratings.co.jp/　（日本語）
　　　　　　　　　　　　http://www.fitchratings.com/　（英語）

ムーディーズ　http://www.moodys.co.jp/　（日本語）
　　　　　　　http://www.moodys.com/　（英語）

格付投資情報センター　http://www.r-i.co.jp/

日本格付研究所　http://www.jcr.co.jp/

付録2　多数分散型債権プールを評価する指標について

パフォーマンス分析の意味

　多数分散型債権プールを裏付けとした証券化商品の信用力分析において，過去のパフォーマンス分析は重要な役割を果たす．企業の信用力分析において，過去の会計情報を基に様々な財務指標を算出し分析することと同等あるいはそれ以上の意味があるだろう．ひとくちにパフォーマンス分析と言っても，どのような数字をどのように加工して利用すれば良いのであろうか．以下に日本の資産証券化の現状に即した各種の指標を簡単に紹介する．企業の財務分析にたとえれば，一般的に用いられる基本的な財務指標の算出方法を示しただけに過ぎないことをお断りしておく．オートローン，クレジットカード債権など比較的均質で多数分散型の債権プールを分析する際の基本となる指標である．

　このような債権プールを裏付けとする証券化商品の元利払いの原資は資産が生み出すキャッシュフローである．資産が生み出すキャッシュフローを予測することは信用力分析における重要な要素となる．将来，資産が生み出すキャッシュフローを予測する際に，過去のパフォーマンス分析は重要な手がかりを与えてくれる．もっとも，将来は必ずしも過去の延長線上にあるとは限らないことは認識しておくべきだ．

分析対象とするプールまたはポートフォリオ

　分析対象となるのは，個別の債権ではなく，債権の集合体である．債権の集合体のことをプールと呼んだりポートフォリオと呼んだりする．一般的には，証券化される債権を抽出する母体（母集団）をポートフォリオと呼び，ポートフォリオから切り出して抜き出した部分をプールと呼ぶ．たとえば，ある信販会社が保有する全てのショッピングクレジット債権（個品割賦購入あっせん債

権）がひとつのポートフォリオ（母集団，または，母体プールとも言う）で，その中から，一定の条件を当てはめて無作為に一定金額だけ抜き出したものがプールである．

プールには，ダイナミック（動的な）プールと，スタティック（静的な）プールがある．ダイナミックプールとは，時間の経過とともに，新たな債権が加わり，中身が徐々に変化するプールのことである．オリジネーターの営業資産全体のポートフォリオと同様に，随時新たな債権が追加されているものである．証券化対象資産であっても，クレジットカード債権や消費者ローン債権の証券化に典型的に見られるように，期中に債権が追加されるものは，証券化プールがダイナミックプールと考えられる．一方で，スタティックプールとは，新規の債権が混入せず，時間の経過とともに，債権残高が減少する一方の閉じたプールである．ポートフォリオからスタティックプールを取り出す方法としては，ある一定の期間（例えば，3ヶ月）にオリジネートされた債権を1つのグループ（プール）として分割していく方法と，ある一定の時期に残高があるものを1つのグループ（プール）として分割していく方法がある．期中に債権の追加が行われない証券化商品に関しては，裏付け資産がスタティックプールである．オートローンや住宅ローンの証券化商品は，スタティックプールを裏付けとするものが一般的である．オリジネートされた時期が揃っているプールをビンテージプール（vintage pool）と言い，そのパフォーマンスを示すデータをビンテージデータ（vintage data）とも言う．

主な指標とその算出方法

1．延滞率（delinquency rate）

延滞残高（元本）
期末残高（元本）

ダイナミックプールとスタティックプールの両方で利用．％表示．

なお，分割払い債権にかかる延滞残高は，支払期日を過ぎている金額だけではなく，当該債権にかかる元本残高全額を用いる．また，延滞区分毎に延滞率

を算出する．消費者向け債権は，ごく短期の延滞（1ヶ月以内の初期延滞）はしばしば発生し，変動幅も大きいため，延滞の傾向を見るには，たとえば，2ヶ月ないし3ヶ月以上延滞している債権にかかる元本残高を分子に用いると良いだろう．英語圏の慣習から，1ヶ月延滞，3ヶ月延滞と言った呼称ではなく，30日延滞，90日延滞といった呼び方をする場合（ただし，この場合は1ヶ月を30日に読み替えているだけに過ぎず，実際の経過日数で区分しているわけではない）もある．また，延滞の起算日と延滞区分の分け方はオリジネーターや案件によってまちまちなので，それを理解したうえで利用するべきである．

2．デフォルト率（default rate）

$$\frac{当月発生したデフォルト金額（元本）}{月初残高（元本）} \times 12$$

ダイナミックプールとスタティックプールの両方で利用．％表示．

一般的には簡便に月次ベースのデフォルト率を単純に12倍して年率換算する．しかし，複利計算と同様の方法で月率を年率に換算することもある．デフォルト率を償却率（write-off rate）という場合もあり，また，クレジットカードに限って，慣習的にチャージオフ率（charge-off rate）という．また，金額の代りに件数を用いて同様の指標を算出したものをハザード率（hazard rate）と呼ぶ場合もある．なお，デフォルト率は，金利を必ず年利で表現するように，年率に換算するのが一般的であり，欧米ではほぼ例外なく年率換算された数字が共通言語になっているが，日本では一部の証券化商品の目論見書等に月率で表現している場合を見かけることがある．年率と月率が混在している状況は好ましくなく，年率に統一されることを私は願っている．

残高に対して一定の割合でデフォルトが発生するプールであれば，デフォルト率（年率）にプールの予想平均残存年限（WAL, weighted average life）を掛けるだけで累積デフォルト率の概算を行うことができる．

一般的にデフォルトは延滞が長期化して発生するものが多く，言い換えれば，数ヶ月前に既に残高があったものから発生するため，ダイナミックプールにお

いて，残高が増加傾向にある場合にデフォルト率は低めに，残高が減少傾向にある場合は高めになる傾向がある．従って，プール残高の増減が極端な場合は，デフォルト率を算出する際の分母を（月初残高ではなく）6ヶ月程度前の残高に置き換えて算出してみるのもよい．また，リース債権のプールのように，債権の金額があまり揃っていない場合は，金額だけでなく債務者数や債権本数を用いてデフォルト率等を算出してみると新たな発見がある場合があろう．季節的要因がある場合は，それを排除するような補完を行って傾向を読むようにしたい．例えば，ボーナス月の影響をうける場合など，半年サイクルの波が現れるような債権の場合には，半年の移動平均をとると季節要因をほぼ排除することができよう．デフォルト率に限らないが，目的や状況に合わせて，指標は工夫して利用したい．

3. 累積デフォルト率（cumulative default rate）

$$\frac{当初から当月までに発生したデフォルト金額の合計（元本）}{当初残高（元本）}$$

スタティックプールに利用．%表示．

　証券化プールにおける「デフォルト」の基準は，必ずしもオリジネーターの与信・回収方針におけるデフォルト認定基準とは一致しない．証券化プールにおけるデフォルトには，一般に，債務者にかかる信用破綻と一定期間以上の長期延滞の新規発生が含まれる．できるだけ恣意性が入らないように，機械的な基準を用いることが良いだろう．また，長期延滞のデフォルト認識については，あるプールについては3ヶ月延滞をもってデフォルト，別のプールでは6ヶ月延滞をもってデフォルトと認定した場合に，同じ「デフォルト率」といっても，直接的に比較できるものではないことに留意するべきだろう．ある格付け会社では，案件毎の個別性を捨象し，消費者ローンプールのデフォルト率をみるた

---

[1] 関雄介「日本のオートローン債権証券化の信用補完分析」『ムーディーズ・スペシャル・コメント』ムーディーズジャパン2001年12月，は，「ハザード率は，通常，ある時点までデフォルトしていない債務者が次の期にデフォルトする確率を指す」(p.4)としている．

めに，一律に2ヶ月延滞の新規発生額をデフォルトとみなしてデフォルト率を算出して比較分析することを行っている．デフォルト率算出式の分子からデフォルト債権にかかる回収額（リカバリー）を差し引くと，損失率を求めることができる．

4．累積清算額ベースの累積デフォルト率（cumulative defaults to cumulative liquidation ratio）

累積清算額とは，当初残高から現在残高を引いたもので，スタート時（当初）から当月末までの間に回収，貸倒れ，その他の理由で減少した債権額を意味する．累積清算額ベースの累積デフォルト率は，債権残高の減少のうち，デフォルトを理由とする減少の割合を示す．

$$\frac{当初から当月までに発生したデフォルト金額の合計（元本）}{累積清算額（元本）}$$

スタティックプールで利用．％表示．

累積清算額を分母に置いた指標と，当初残高を分母に置いた指標をあわせて利用することが多い．両者は最後には必ず一致するため，両者を折れ線グラフにすると，途中までしか回収が進んでいない債権プールについて，累積デフォルト率等が最終的にどこに着地しそうなのかを視覚的に感じることができるだろう．

5．損失率（loss rate）

$$\frac{当月に発生したデフォルト金額（元本）-デフォルト債権からの当月回収額（元本）}{月初残高（元本）} \times 12$$

ダイナミックプールとスタティックプールの両方に利用．％表示．月次ベースの損失率を12倍し年率換算する．

実際の証券化案件では，デフォルト債権からのリカバリー（回収）を享受で

2　破産，死亡，行方不明などを指す．

きない仕組みが用いられることが多い．この場合は，デフォルト率と損失率は同一になる．

6．累積損失率 (cumulative loss rate)

$$\frac{当初から当月までに発生した損失金額の合計（元本）}{当初残高（元本）}$$

スタティックプールに利用．％表示．

デフォルト債権からの回収を取り込めない証券化案件では，デフォルトの発生金額が損失発生金額に一致することから，次に示す累積清算額ベースの累積デフォルト率と同一になる．

クレジットカードやカードローンなどのリボルビング方式の貸付債権には元本回収スケジュールが存在せず，最低支払額があっても，実際に毎月いくら返済するかは債務者の任意である場合がある．どの程度の速度で元本が回収できるのかを見るために，返済率，元本返済率の分析が非常に重要である．また，新規利用率はオリジネーターの営業状況に大きく左右される他，流通系のクレジットカードの場合，小売店の競争力や財務基盤からも影響を受ける．なお，クレジットカード等の手数料も以下では利息として表記する．

7．返済率 (payment rate)

$$\frac{回収額（元本＋利息）}{月初残高（元本）}$$

ダイナミックプールとスタティックプールの両方に利用．％表示．

8．元本返済率 (principal payment rate)

$$\frac{回収額（元本）}{月初残高（元本）}$$

ダイナミックプールとスタティックプールの両方に利用．％表示．

9．新規利用率（purchase rate）

$$\frac{新規利用額（元本）}{月初残高（元本）}$$

ダイナミックプールとスタティックプールの両方に利用．％表示．

なお，「新規利用率」を「パーチャス率」，「購買率」と呼ぶ人もいるが，これは英米で定着している purchase rate の直訳だろう．新規利用はショッピングのみならず，キャッシング（キャッシュアドバンス）でも発生することから，新規利用率と呼ぶほうが妥当だろう．オリジネーターが営業を停止するなどで，クレジットカードが使えなくなると，新規利用率は当然ながらゼロになる．

10．利回り（yield）

$$\frac{回収額（利息）}{月初残高（元本）} \times 12$$

ダイナミックプールとスタティックプールの両方に利用．％表示．月次ベースの利回りを12倍し年率換算する．

証券化プールの利回り計算には，約定弁済や繰上返済にかかる利息回収金，延滞債権からの利息回収金など，元本以外の回収金（利息，手数料等）を含める．海外のクレジットカードの証券化案件では，インターチェンジ（加盟店手数料）収入も利息と同様に計算に含めている場合が多い．一方日本では，今のところ加盟店手数料や会員手数料（年会費）はオリジネーターの収入とされ，証券化プールにとっては収入とならない．また，延滞債権にかかる再振替手数料や遅延損害金はサービサーの収入とされることが多い．

11．残高率（pool factor）

$$\frac{現在残高（元本）}{当初残高（元本）}$$

スタティックプールに利用．必ず1と0の間の値となる．小数表示．小数点以下6桁〜9桁を表示．

残高率を「プールファクター」とも言う．債券の残存元本の額面（発行当初の元本）に対する比率も「ファクター」（factor）という．債券の残高率を強調したいときは，「ノートファクター」（note factor）という．

12. 繰上返済率（prepayment rate）

最近では，繰上返済率のことを CPR と呼ぶことが一般化してきた．これは住宅ローン証券化が進展したことに影響されているものと思われる．

$$CPR = 1 - (1 - SMM_{CPR})^{12}$$

$$SMM_{CPR} = \frac{\text{当月中に発生した繰上返済金額（元本）}}{\text{月初残高（元本）} - \text{当月中の約定返済額（元本）}}$$

ダイナミックプールとスタティックプールの両方に利用．％表示．月次ベースの発生率を複利計算で年率換算する．より簡便に，SMM（single-month mortality rate）の12倍をもって年率換算としてもよいが，その場合は，CPR（conditional prepayment rate）という用語は用いるべきではなかろう．

なお，オート（自動車）ローンの証券化商品においては，繰上返済率に代えて，ABS（おそらくは absolute prepayment speed の略と思われる）が用いられることがある．繰上返済率を表す ABS は，当月の繰上返済件数を月初の残高に含まれる件数で割ったものであり，年率換算はせず，月率で用いる．

指標を利用するうえでの留意点

債権残高やデフォルトした金額は円単位まで得られることが多く（むしろ，最初から千円単位や百万円単位に丸めてある場合が少ないだろう），ここに紹介した指標の多くは相当に細かい桁数まで計算することが一応可能だ．しかし，数学的な有効桁数とは別途に，現実的に意味のある数字はどの程度なのか（あるいは，上から何桁目までなのか）ということは考えてみても良い．異論もあるかも知れないが，私はこのような指標はせいぜい2桁かせいぜい3桁程度しか参考にしていない．企業の会計情報を基にした財務指標を見る場合も同様ではなかろうか．多くの桁数が計算可能だからといって，信用力分析上，ど

付録2　多数分散型債権プールを評価する指標について　155

の程度の意味があるのかを考えて用いるようにしたい．

　また，異なるプールの指標を比較する場合に，同列に比較できるのかどうかは十分に留意するべきであろう．同種の資産を裏付けとした証券化商品であっても，オリジネーターや個別案件の契約書上の文言の違いによって，延滞やデフォルトの定義が異なる場合がある．ある信販会社のオートローン債権の証券化においては，4ヶ月延滞をもってデフォルト扱いとし，別の信販会社によるオートローン債権の証券化では3ヶ月延滞をもってデフォルトとしている場合，両者のデフォルト率の絶対値を横に並べて比較してもあまり意味はないことになる．また，証券化対象プールのパフォーマンス予想の参考にするために，その抽出母体となるポートフォリオの分析を行う際には，ポートフォリオと，それから証券化目的に切り出したプールとの間にどのような質的な差異が発生し得るのかを考えて，各種の指標を調整して利用・解釈するべきであろう．

付録3　証券化用語集

RMBS（residential mortgage-backed securities）

住宅ローン証券化商品．英語の residential mortgage-backed securities（居住用抵当権付住宅ローン債権の証券化商品）の略．住宅ローン証券化商品を強調したいときに用いる言葉．MBS（mortgage-backed securities）と同義．なお，CMBS（commercial mortgage-backed securities）は一般的には商業用不動産担保ローンの証券化商品を意味するが，より広義に商業不動産関連の証券化商品全般を指す場合もある．

ウォーターフォール（waterfall）

文字通りは「滝」の意味だが，証券化取引において，回収された資金を分配するルールをいう．キャッシュフロー・ウォーターフォール（cashflow waterfall）ともいう．

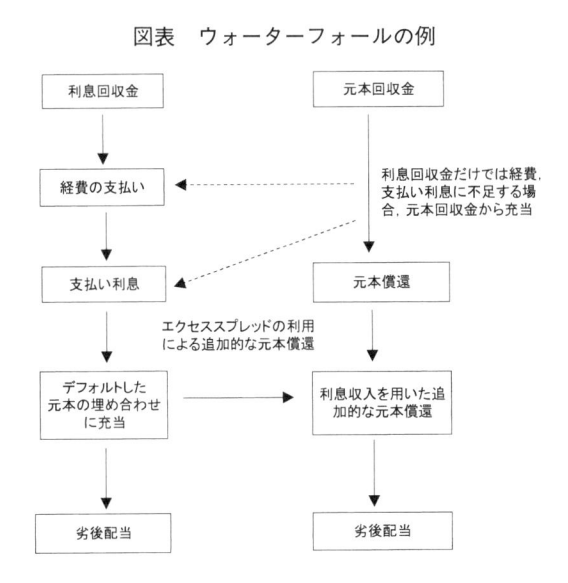

図表　ウォーターフォールの例

```
利息回収金              元本回収金
    ↓                      ↓
経費の支払い ←------  利息回収金だけでは経費，
    ↓              ↑  支払い利息に不足する場
支払い利息  ←------'  合，元本回収金から充当
    ↓                      ↓
    |       エクセススプレッドの利用
    |       による追加的な元本償還
    ↓                      ↓
デフォルトした          利息収入を用いた追
元本の埋め合わせ  →    加的な元本償還
に充当
    ↓                      ↓
劣後配当                劣後配当
```

ABS (asset-backed securities)

資産を裏付けとした証券．「資産担保証券」という呼称は，英語の ABS (asset-backed securities) の訳語として1990年代に定着した．なお，必ずしも資産に担保が設定されているわけではない．最近では証券化商品と呼ぶことが一般化しつつある．この語が意味する範囲は，使用者やコンテクストによってまちまちである．

ABCP (asset-backed commercial paper)

売掛債権，貸付債権などの資産を買取り，CP (コマーシャルペーパー) を発行することに特化している SPC (特別目的会社) が発行する CP をいう．多くの場合，銀行が運営しており，運営する銀行等のことをスポンサーという．国内で発行される場合，コマーシャルペーパーは約束手形または短期社債 (電子 CP を含む) の形態が可能．また，英国法や米国・ニューヨーク州法などの外国法を準拠法に海外市場で発行される場合もある．日本法に基づく約束手形は無担保債権である．ABCP を資産担保コマーシャルペーパーと呼ぶこともあるが，資産に担保が設定されるケースは，海外で発行される事例の一部を除き存在しない．多くの場合，発行枠の全額に相当する額のバックアップラインが用意されている．バックアップラインは流動性補完と信用補完を兼ねている場合が多い．バックアップラインのコミットメント期間は1年未満 (たとえば364日間) とするものの，自動更新される形となっているのが一般的である．また，信用補完措置は別途用意し (たとえば，バックアップラインとは別の信用状)，バックアップラインは流動性補完目的に限定するとする場合もある．

エクセススプレッド (excess spread)

超過収益ともいう．広義には，利息収入のうち，経費やクーポンの支払いに充当した残余のことをいう．狭義には，この額から裏付け資産に発生したデフォルト元本額を差し引いたものをいう．絶対額 (金額) で表されることもあるが，裏付資産の元本残高に対する年率 (パーセント表示) で表現される方が一般的．広義のエクセススプレッドを裏付資産のデフォルト (元本毀損) の埋め合わせに使うことができれば，エクセススプレッドは信用補完効果をもたらしていることになる．証券化商

品の信用補完について，しばしば元本ベースでの超過担保比率（あるいは，劣後比率）ばかりが重視されがちだが，エクセススプレッドが重要な信用補完効果をもたらしている場合も多いことを認識するべき．

SPE (special-purpose entity)

SPV と同義．SPV 参照．

SPC (special-purpose company (corporation))

特別目的会社と同義．特別目的会社参照．

SPV (special-purpose vehicle)

特別目的会社（SPC），信託（trust），組合（partnership）など，証券化取引上，「器」(vehicle) として用いられるものを総括していう．同義語に SPE (special-purpose entity) がある．

延滞率 (delinquency ratio)

当期（月）の延滞債権の（元本）残高を前期（月）末の債権（元本）残高で割ったもの．短期延滞の区分毎の増減はパフォーマンスの先行指標となるため，消費者ローンやクレジットカード債権の証券化プールでは注目して監視するべき指標．

オリジネーター (originator)

元来は証券化対象資産を最初に生み出した（オリジネートした）者，債権の原始取得者，原債権者という意味．住宅ローンであれば，最初に貸付けを行った金融機関やノンバンク．しかし，より一般的には，資産を証券化する者を意味する．本来であればこの意味にはセラー（資産を売る者）という用語が使われるべきだが，セラーの意味でオリジネーターという用語が使用されることが近時の日本では一般化している．現実の金銭債権の証券化取引では，ほぼ例外なくオリジネーターとセラーと当初サービサーは同一企業である．

元本返済率 (principal payment rate)

当月の元本回収額を前月末の債権残高（元本残高）で割ったもの．月率．リボルビング方式のクレジットカードや消費者ローンでは，毎月，いくら元本を返済するかは，債務者の任意である場合が多い．月次返済額の最低額（ミニマムペイメント）をオリジネーターが設定している場合（たとえば，残高10万円につき，元利込みで最低5千円など），これを超える額の返済は債務者の任意となる．しかしながら，債務者による月次の支払額がミニマムペイメントに満たない場合でも，利息が全額支払われていれば，延滞扱いとしないことが多く見られる．一般的に，元本返済率の低下は，債務者の支払能力の低下（つまり，信用力の低下）を表していると考えられる．

希薄化 (dilution)

証券化された金銭債権が，後に目減り（金額が減少）または消滅してしまうこと．たとえば，クレジットカード債権において，カード利用者が商品等を購入後，一定期間後に，返品，キャンセルを行った場合，売掛債権において，出荷後値引き，返品などが発生した場合などに発生し得る．また，債務者による相殺権の行使による債権消滅も希薄化に含めて論じられる場合もある．

クラス分け (dividing into classes)

トランチング参照．

クリーンアップコール (clean-up call (option))

発行残高が当初の一定割合（典型的には10％以下）以下または下回った場合に，残額を繰上げ償還できる発行体のオプション（権利）．残高が僅少となった ABS はオリジネーター兼サービサー，SPV，投資家にとっての内部コスト，維持管理費用が残高比大きくなりがちであり，オリジネーターが希望すれば早めに証券化取引を終了できるオプションを与えることが慣行化されている．行使できる残高を当初の10％以下とする場合には問題視されることはないが，それが大きい場合（10％を上回

る場合),真正売買が否定される要因となり得る.

クレジット債権 (hire purchase (retail installment sales) receivables)

割賦販売債権,割賦購入あっせん債権,(非割賦)購入あっせん債権,クレジットカードのショッピング利用分をあわせた概念.信販会社や自動車メーカー系のファイナンス会社はしばしばオートローン(自動車ローン)債権を証券化しているが,これらはローンといっても貸金債権ではなく,割賦購入あっせん債権または割賦販売債権であり,クレジット債権の一種である.

コミングリングリスク (commingling risk)

コミングリングリスクは,混交(こんこう)のリスクともいわれる.金銭債権の証券化の枠組みでは,サービサーが債権回収を行い,サービサーが預かっている回収金が SPV に引き渡されるまでの間,預り金を確実に引き渡してもらえるかどうかはサービサーの信用に依存するリスクをいう.預かっている回収金を引き渡す前にサービサーが会社更生手続きの開始申し立てを行った場合,一般的には裁判所の保全管理命令によりサービサーは回収金を引き渡せなくなるうえ,SPV がサービサーに対して有している回収金引渡請求権は更生債権として会社更生手続きに取り込まれてしまう.サービサーが資金の分別管理を行っていることもあるが,倒産手続きにおける分別管理の法的な効果は期待できない.コミングリングリスクは,サービサーが債務不履行または倒産しない限り顕在化しないリスクであり,サービサーが倒産したからといって必ず顕在化するものでもない.売掛債権の場合,回収日が集中する(例えば,月末)傾向が顕著であり,コミングリングリスクが顕在化した際のインパクトは大きくなる傾向がある.

サービサー (servicer)

債権の管理・回収を行う者.一般的な金銭債権の証券化においては,オリジネーターがサービサー(当初サービサー)に就任する.正常債権の管理・回収を行うプライマリーサービサー,不良債権の回収に特化したサービサーをスペシャルサービサーと

いう．債権管理回収業に関する特別措置法（一般的に「サービサー法」と呼ばれる）に基づき登録を行った債権回収業者のことを「サービサー」と呼ぶ場合もあるが，スペシャルサービサー以外は集金代行業に近く，サービサーが債権回収業者である必要はない．資産証券化取引において起用されるプライマリーサービサーはほぼ例外なくオリジネーターである．予備のサービサーをバックアップサービサーと呼ぶ．

CMO（CMO, collateralized mortgage obligations）

住宅ローンを証券化する際に，発行される証券化商品（MBS または RMBS）を複数の異なる元本償還特性を持つクラス（トランシェともいう）の債券または信託受益権（証書）に分けること，または，そのように分けた証券化商品．裏付け資産が既発のパススルー型 MBS の場合をセカンダリー CMO ともいう．裏付け資産から回収された元本を，まずは，1つめのクラス（またはトランシェ）の元本償還に充当し，1つめのクラスが全額償還されたら，次に2つめのクラスの元本償還に充当していくといった形をとる．そのようなクラス分けをせず，裏付け資産から回収された元本がそのまま単一クラスの証券化商品の元本償還に充当されるものをパススルーまたはパススルー債という．CMO の文字通りの意味は，モーゲージ（抵当権付き住宅ローン）の証券化商品ということだが，実際には，前述の通り，元本の償還構造の種類を指すことばであり，対義語として対応することばはパススルーである．文字通りの意味と実際の意味に乖離があるのは，米国において1987年の税制改正以前は，パススルー型の MBS は信託受益権証書として発行されていたものの，元本のキャッシュフローを加工して償還に充当する MBS は，発行体（信託）レベルでの課税を避けるために，債券として発行され，その債券が CMO と呼ばれたことに由来している．また，CMO のことを REMIC と呼ぶ慣行もある．多くの場合，CMO と REMIC は全くの同義語として用いられているようだが，厳密には，REMIC は米国における税制上の扱いの区分を指し，CMO のみならず，パススルー型の MBS も REMIC になり得るので，混乱しないようにしたい．また，CMO のようなパススルー以外の元本償還構造を1990年代前半まではペイスルーと呼ぶこともあったが，ペイスルーは既に死語となっている．パススルー参照．

シーケンシャル（sequential pay）

証券化取引において，裏付け資産から回収された元本を，優先順位の高い順に債務の弁済に充当していく元本償還方式をいう．たとえば，債務が優先，メザニン，劣後の3クラスに順位付けされていた場合に，優先債を全額償還するまではメザニン債の元本償還を行わず，メザニン債を全額償還するまでは劣後（債券・債権・受益権）の元本償還を行わない．プロラタ（比例配分方式）の場合に比べ，優先順位の高い債務の償還が速く，劣後比率が高まる効果が期待できる．

CDO（collateralized debt obligations）

債務（担保）証券といわれる場合もあるが，日本でもCDOという用語は定着している．貸付（ローン）債権の証券化商品（CLO, collateralized loan obligations），社債の証券化商品（CBO, collateralized bond obligations）を含む上位概念．貸付債権や社債などの現物資産の移転を行わず，クレジットデリバティブを利用して作る類似の証券化商品をシンセティック（synthetic）CDOという．シンセティックとは合成または疑似を意味する．

資産対応証券（shisan taiou shouken）

資産流動化法に基づく特定目的会社が発行する特定社債，特定約束手形および優先出資．意味する範囲が限定的な法律用語．

資産担保証券（asset-backed securities）

英語のABS（asset-backed securities）の訳語として1990年代に定着した語．資産を裏付けとした証券．なお，必ずしも資産に担保が設定されているわけではない．最近では証券化商品と呼ぶことが一般化しつつある．

78分法（rule of the 78s）
（しちはちぶんぽう）

一般的に信販会社等がオートローンなどの元利分離計算に用いている方式（ただし，一部に例外あり）．利息（手数料）総額を1から支払回数までの級数で割り，それに

第1回目は支払回数，2回目は支払回数－1を掛けたものを各期の利息（手数料）と認識する．たとえば，12回払いの場合，利息総額を1から12までの級数である78で割り，それを12倍したものが1回目の利息（手数料），11倍したものが2回目の利息（手数料），そして最終回の利息（手数料）はそれを1倍したものという計算を行う．1から12までの自然数の和が78であることが78分法の語源となっている．オートローン債権などの証券化商品でも資産からの回収金の計算に78分法を用いる場合が多い．この方式の特徴は返済が進み残高が減少するとともに徐々に利回りが低下することである．

新規利用率（purchase rate）

当月の新規利用額（元本）を前月末の債権残高（元本残高）で割ったもの．月率．「パーチャス率」とか「購買率」と呼ばれることも希にあるが，ショッピングのみならず，キャッシング（キャッシュアドバンス）も含まれるため，新規利用率と呼ぶ方が妥当だろう．クレジットカードが利用停止になるということは，新規利用率がゼロになるということ．

真正売買（true sale）

広義の倒産隔離を構成する要件のひとつであり，オリジネーターからSPVへの資産の譲渡が真に売買とされ，譲渡担保取引と再構成されないような材料を揃えておくこと．その重要な要素は，対抗要件具備の有無，当事者の意思，資産の特定性，対価の妥当性，リスク移転の程度，会計上の取扱い等といわれているが，確定的に定まった基準はない．

シンセティックCDO（synthetic CDO）

シンセティックCDOとは，クレジットデリバティブを用いて信用リスクを証券化する取引形態を指す．「合成債務担保証券」や「合成CDO」と呼ばれることもある．シンセティックとは疑似，合成，といった意味で，貸付債権や社債の証券化（つまり，CDO）ではないがそれと同様のクレジット商品を擬似的に作り出しているとい

うニュアンスが込められている．クレジットデリバティブとは，信用リスクを取引する金融派生商品を指し，クレジットデフォルトスワップ（CDS）がその典型である．CDS は，債券や貸付債権などの現物資産の譲渡をともなわずに，単に企業や特定の債務を契約上特定し，一方の当事者（プロテクションの買い手）が他方の当事者（プロテクションの売り手）にクレジットリスクを移転する契約形態である．プロテクションの売り手はプレミアムを受け取るかわりに，参照債務についてクレジットイベント（信用事由）が発生した場合に，プロテクションの買い手に対して損失を補塡する．シンセティック CDO は組成目的の観点からアービトラージ型とバランスシート型に分類される．バランスシート型とは，銀行等がプロテクションの買い手となって，既に自らのバランスシートに計上されている資産のヘッジを行う目的で組成する CDO を指す．アービトラージ型とは基本的にこれ以外のものすべてである．

スペシャルサービサー（special servicer）
長期延滞などにより回収困難になった債権の管理・回収を専門に行う者．サービサー法に基づく債権回収業者か弁護士が就任する．

セラー（seller）
資産を売却する企業．実際にはほとんどがオリジネーターと同一．このため，「オリジネーター」がセラーを意味する語として使用されることが多い．

対抗要件（perfection）
法的関係が当事者間で効力を有するための要件を満たしていても，当然には第三者に対する効力（対抗力）を有さず，対抗力を有するためには別の要件を満たさなければならないとき，その要件を対抗要件という．ある法律関係を当事者以外の第三者に対して効力を及ぼすことができることを対抗力という．第三者とは，当事者以外の者をいう．対抗要件を英語で"perfection"（取引の完結，完成）と表現することが多いが，実はかなり違った概念である．これは，日本の民法がゲルマン法（ド

イツ法）の影響を強く受けており，英米法とは系統が異なる法体系であるからである．

金銭債権の譲渡にかかる対抗要件は，資格授与の対抗要件（債務者との関係で，誰が債権の譲受人であるかを決定する）と取引保護の対抗要件（債務者以外の第三者に対する関係で，誰が債権の譲受人であるかを決定する）に分けて考えられる．日本の民法は，資格授与の対抗要件は，譲渡人による債務者に対する通知または債務者の承諾を，取引保護の対抗要件は通知または承諾が確定日付のある証書によりなされることを要求している．また，特定債権法 7 条に基づく公告は民法上の確定日付ある証書による債権譲渡通知とほぼ同様の効果を，債権譲渡特例法 2 条に基づく債権譲渡登記は，債務者を除く第三者対抗要件について民法上の確定日付ある証書による債権譲渡通知とほぼ同様の効果をもたらす．債権譲渡特例法上の債権譲渡登記を用いた場合に債務者対抗要件も具備するには，登記事項証明書を債務者に交付する必要がある．民法467条，468条，469条，470条，特定債権法 7 条，債権譲渡特例法 2 条を参照．

WAC（WAC, weighted average coupon）

加重平均利回り．加重平均金利と言っても良いだろう．証券化対象プールに含まれる貸付債権の貸出金利を元本ベースで加重平均したもの，または，最初の 1 ヶ月間に発生する約定利息の合計を12倍し月初の元本残高で割ったもの．クーポンとはもともと利付債の利子または利率を意味するが，住宅ローンの貸出金利に転用されて用いられている．もともと住宅ローンの証券化に限って用いられていたが，近時，その他の分野でも用いられることが多くなってきた．類似語として，加重平均残存年限を WAM（weighted average maturity），加重平均期間を WAL（weighted average life），加重平均経過期間を WALA（weighted average loan age）という．

超過担保比率（overcollateralization ratio, O/C ratio）

劣後比率と同一の意味で用いられることが多い（「劣後比率」の項参照）．または，証券化商品の保有者から見て，裏付け資産の残高（元本ベース）を自分が保有して

いる債券等と同順位および優先順位の高い債券等の総額（元本残高ベース）で除したもの，または，それから100%を引いたもの．パーセント表示が一般的．つまり，裏付け資産の残高が100億円，証券化商品の優先債の残高が80億円，劣後部分の残高が20億円の場合，超過担保比率を20%という（劣後比率と同じ計算方法）人もいれば，125%という人もおり，25%という人もいる．つまり，「超過担保比率」といっても，様々な意味で用いられるので，どのような計算方法で算出した数字なのかを知る必要がある．

抵当権（mortgage）

日本の民法に基づく債権担保制度のひとつ．抵当権の目的物件は不動産その他法律で定められたものに限定されている．抵当権者自身が抵当権者であることを第三者に対抗するには登記が必要とされる．住宅ローンの場合に，融資の対象となる住宅（土地・建物）に抵当権が設定されるのが一般的だが，住宅金融公庫の場合は債権者である住宅金融公庫が抵当権者となるのに対し，民間金融機関の住宅ローンの場合は，住宅ローンの履行を連帯保証する保証会社が求償権の担保として抵当権者となる場合が多い．後者の場合，住宅ローン債権は抵当権付債権ではない．

デフォルト（default）

債務不履行．証券化対象の金銭債権について一定期間の長期延滞，債務者の破産など一定の貸倒れ認定基準を設け，それに該当すること．また，保証付き住宅ローン等の場合に，保証人に保証履行させる（代位弁済させる）こともデフォルトと呼ぶ場合がある．

デフォルト率（charge-off rate or default rate）

英語ではクレジットカードに限り，charge-off rate（償却率）ということが一般的．年率に換算して用いる．当月に発生したデフォルト額（元本額）を前月末の債権残高（元本残高）で割り，単純に12倍して算出する．または，デフォルト率の月率を年率に換算するには，（1－月次デフォルト率）の12乗を1から引く．実務上は，簡

便な，月次デフォルト率の12倍を年率として用いることが定着している．

証券化取引において債権をデフォルト扱いとする基準は，単純で客観的であることが望まれ，債務者の信用破綻（弁護士介入，破産など）と一定期間以上の長期延滞を用いる．このため，オリジネーターの会計上の償却基準とは必ずしも一致しない．米国のクレジットカード ABS では，180日延滞をもってデフォルト扱いとすることが一般的だが，日本の消費者ローンの ABS では，3ヶ月または4ヶ月延滞をもってデフォルト扱いとするケースが多い．また，日本の消費者ローンの証券化においては，サービサーによる回収能力の際を捨象したデフォルト率として，60日延滞をもってデフォルトとみなしたうえで指標とする慣習がひろまりつつある．

倒産（bankruptcy）

証券化において倒産という場合は，破産法，会社更生法，民事再生法などに基づく法的倒産手続きを行う場合に限定した意味に用いられる場合が多い．

倒産隔離（bankruptcy remoteness）

狭義には特別目的会社（SPC）等の SPV が倒産しないように作り込むことを意味する．広義には，それに加え，オリジネーター（ここではセラーの意味）等取引関係者の倒産により重大な悪影響が及ばないように仕組むこと．その重要な要素が真正売買という概念であり，これは，オリジネーターから SPV への資産の譲渡が真に売買とされ，譲渡担保取引と再構成されないようにすること．また，資産の譲渡が否認される可能性の排除も要素となる．

特定目的会社（TMK）

日本法である資産流動化法，または旧 SPC 法に基づいて設立された資産の流動化を目的とする法人形態であり，特別目的会社（SPC）の一種．特定目的会社は英語で"TMK"と呼ばれることが多く，他に，日本法に基づく株式会社を KK，有限会社を YK，特定目的会社を TMK と呼ぶ風潮もある．

特別目的会社（SPC）

特別目的会社（special purpose company または special purpose corporation）は，資産証券化などのストラクチャードファイナンス取引において，ある特定の用途だけに用いられる会社．事業目的を狭く限定しているため「特別目的」という．法人形態としては外国法（日本以外の国・地域の法律）に基づく株式会社やその他の有限責任会社，日本法に基づく株式会社，有限会社，中間法人，特定目的会社がある．特定目的会社は資産流動化法（または改正前の SPC 法）に基づいて設立された会社のみを指す．

匿名組合（TK partnership）

営業者が組合員からの財産の出資を受けて，事業から生じた損益を営業者へ分配する商法535条に基づく組合契約．SPC を営業者とし，オリジネーターを組合員として，エクセススプレッドおよび課税所得を SPC からオリジネーターに移転する目的で使われることが多い．

トランチング（tranching）

証券化商品を複数の異なる債券または信託受益権等に分割すること．異なる利率（予定配当率），元本償還順位やその方法を持つ個別の債券または信託受益権をトランシェ（tranche）またはクラス（class）という．元本償還順位と清算時の残余財産の配当順位に差を設けると，優先するトランシェにとって，より劣後するトランシェの存在が優先劣後構造による信用補完効果をもたらす．信用リスクの分割加工目的で行われるトランチングをクレジットトランチングという．単に個別のトランシェの元本償還時期を切り分け，予想平均年限を多様化させることを目的とし，信用リスクの分割を意図していないものをタイムトランチングという．タイムトランチングの場合は，ある一定水準以上の裏付け資産の劣化が発生すると，当初の元本償還ルールは無視して，全てのトランシェに平等に元本償還する方法（プロラタ償還）に切り替わる．クラスとトランシェはほぼ同義語だが，場合によっては，クレジットトランチングによって分けられたトランシェだけをクラスという場合もある．

トリガー (trigger)

停止条件の条件のこと．語源は拳銃の引き金．ある一定の条件が成就したら，償還方法を変更するとか，ある行動を起こす（たとえば，留保している対抗要件具備を行う）ことが約定されている場合に，その条件を指す．

パススルー (pass-through)

裏付資産から回収された元本を全額そのまま毎月（又は毎計算期間・元本償還サイクル毎）元本償還に充当する方式を採用する証券化商品等をいう．パススルー以外の償還方法はその償還方法（例えばソフトブレット）や商品形態（例えばCMO）をもって呼ばれるのが一般的．なお，ソフトブレット（soft bullet）とは，元本一括償還を予定しておき，予定通りに全額元本償還できない場合は分割償還に切り替わる方式又は実質的に元本一括償還に近い元本分割償還をいい，CMO (collateralized mortgage obligations) とは，住宅ローン債権の証券化商品において，裏付資産から回収された元本を順次異なるクラスの債券等の償還に充当する方式のものをいう．なお，1990年代前半まではCMOをペイスルー (pay through) 型証券と呼ぶこともあったが，最近ではペイスルーという語は用いられなくなってきている．

プロラタ (pro rata)

本来は一定比率で，という意味だが，証券化商品の元本償還方法における比例配分方式を意味する．一定の比率で優先順位の異なる債務の償還を行うこと．シーケンシャル参照．

モーゲージ (mortgages)

本来は抵当権の意味だが，日常的には住宅ローンまたは住宅ローン債権の証券化商品を意味する．また，コマーシャルモーゲージ (commercial mortgages) といえば，オフィスビルや店舗物件などの商業不動産担保ローンまたはその証券化商品を意味する．

モノライン (monoline)

文字通りには，単一商品という意味だが，証券化に関連して用いられるときは，金融保証業務を専門にする保険会社を意味する．日本では本稿執筆時現在，株式会社損害保険ジャパン・フィナンシャルギャランティー（通称，損保ジャパン・エフジー）の1社のみ営業している．信用力が高いことがモノラインの商品（金融保証）の価値を生み出すため，格付け会社から高い格付けを維持できるように注意を払いながら経営されているのが特徴である．一方で，複数の保険商品（自動車保険，火災保険，その他）を扱う保険会社をマルチライン (multiline) と呼ぶこともある．日本では，マルチラインの損害保険会社の一部も証券化商品の元利払い保証などの金融保証を行っている．

ラップ (wrap)

文字通りには，包む，または，包装紙の意味．証券化商品の元利払いを誰かが保証することを意味する．投資家の観点からは，中身の信用リスクをあまり気にせず，保証人の信用力に依存する商品と考えることができる．金融保証専門の保険会社（モノライン）や損害保険会社が支払保証をすることを「ラップする」と言う．連帯保証などで無条件に証券化商品の元利払いの保証を付ける場合を強調して「フルラップ」と言うこともある．

リース債権 (equipment lease receivables)

日本において，リースの証券化という場合は，ほとんど例外なく，リース契約に基づく地位の移転は行わずに，リース料債権のみが債権譲渡もしくは信託の形でオリジネーターから切り離され，証券化対象資産となる．つまり，証券化後もオリジネーターたるリース会社はリース契約上のレッサーの地位にとどまり，リース物件に対する所有権もオリジネーターが保有したままとなる．ただし，サービサー交代など一定の事由が発生した場合に，リース契約上のレッサーの地位をバックアップレッサーに移転することを請求するオプションが受託者ないし SPC に与えられている案件が多い．このオプションが行使されない限り，リース物件の所有権は終始オリ

ジネーターたるリース会社にとどまるため，米国における一般的なリースの証券化と異なり，リース契約満了後にリース物件に換価価値が残っており，再リースや中古市場での処分により現金化できるとしても，それを享受できるのはオリジネーターである．

流動性補完措置 (liquidity reserve(s), liquidity enhancement)

サービサーが回収金を引き渡さない場合など，一時的にキャッシュフローが途絶えても証券化商品がデフォルトしないように，一定期間は経費と利払いを継続できるようにする措置のことをいい，ほとんどの場合に現金準備を用いる．現金準備といっても，実際は預金（SPV に信託を用いる場合は，銀行勘定貸しの場合もある）である．高い格付けを取得する案件の場合，SPV に数ヶ月分の経費と利払いに足りる資金を保有させることが多い．もっとも，現金準備に代えて，金融機関等による信用状やコミットメントラインも流動性補完措置として用いることは可能であろうが，最近ではほとんど用いられるケースは見られない．

劣後比率 (subordination ratio)

証券化商品の投資家からみて，自分が保有している債券等よりも償還順位が劣後する部分の元本残高を裏付け資産の元本ベースでの残高で割った数値をパーセント表示にしたもの．たとえば，裏付け資産の残高が100億円（元本ベース，以下同じ）で，優先債の残高が80億円，メザニン債の残高が10億円，劣後部分の残高が10億円の場合，優先債の保有者から見れば劣後比率は20％であり，メザニン債の保有者から見れば劣後比率は10％となる．なお，裏付け資産の残高と，債務の元本ベースでの残高の合計が一致しない場合，分母に裏付け資産の残高を用いる方法と，債務の元本残高の総額を用いる方法がある．劣後比率と全く同じことを超過担保比率と呼ぶ人もいる．超過担保比率参照．

おわりに

　もはや資産証券化は目新しいものではなくなっている．しかし，依然として証券化に対する無理解，誤解，そして偏見が存在している．また，証券化は複雑であり，理解できない，という思い込みも根強いものがある．

　しかし，証券化のロジックはそれほど難しいものでも複雑なものでもない．資本市場で取引される商品のひとつである株式についてほとんど誰も疑問を感じたりしないだろう．しかし，株式会社とは何か，株式の価値に影響するものは何かを説明するよりも，証券化商品を説明することがはるかに単純である．今後，市場参加者を拡大し，証券化市場の透明性を向上させるためにも，証券化に関する正しい知識の普及が喫緊の課題であろう．本書は私にとって初の単行本の単独著作となるが，本書が証券化に関する正しい知識の普及にわずかながらでも役立てばと思っている．

　しばしば繰り返されてきた「証券化商品は，企業の信用力の影響を受けない」という説明は，極めてミスリーディングであり，多くの誤解を実際に引き起こしてきた．オリジネーターの影響を強く受ける資産とそれほど受けない資産がある．一般常識をもって考えれば，誰にもわかる単純な道理である．資産の種類や質，数量，管理回収方法などにもよるが，証券化商品の信用力はオリジネーターの信用力やサービサーの能力に程度の差はあるがある程度の影響は受ける．それはいわば常識であるが，しばしば「資産証券化は，オリジネーターの信用力ではなく，資産自体の信用力を裏付けとした債券を発行すること」，「オリジネーターの信用リスクを排除する」と説明される場合がある．そのような説明は必ずしも間違いではないが，証券化の一面（理念的，法的な側面）をとらえたものに過ぎない．

　金銭債権はオリジネーターがどのような営業を行うか，サービサーがどのように管理回収を行うかによって，回収率，延滞率，デフォルト率に差異が発生

する．住宅ローンを借りている個人債務者は，オリジネーターの銀行が破綻しても，その支払能力や支払意思は基本的には変わらないだろう．信販会社のオートローンを利用している債務者も同様かも知れない．しかし，中小企業や個人事業主に対する短期の融資であればどうだろうか．オリジネーターが営業を継続し，既存の顧客に対して反復継続的に融資を続ける場合と，オリジネーターが破綻し，営業を停止する場合とでは，そのパフォーマンスは大きく異なってくる可能性がある．不動産は，誰がどのような用途に使用するか，そしてテナントの業績によって，生み出すキャッシュフローに差異が発生するし，不動産自体の評価額にも影響が及ぶ．オリジネーターや主要テナントが倒産する結果，資産の劣化が引き起こされると，証券化商品をあたかも欠陥商品のように批判・糾弾するのはお門違いである．「証券化商品は，企業の信用力の影響を受けない」という説明は，極めてミスリーディングであり，多くの誤解を実際に引き起こしてきた．繰り返しになるが，オリジネーターの影響を強く受ける資産とそれほど受けない資産がある．一般常識をもって考えれば，誰にもわかる単純な道理である．証券化は実に面白く奥が深い．そして，とても人間臭い．

　私が証券化に深く関わるようになったきっかけは，1990年代半ばにリース会社の財務部でリース債権の証券化を担当したことにある．当時の日本で主に証券化に関連する仕事を生業にしていた人数は，オリジネーター，金融機関，弁護士，会計士，格付けアナリスト等を含め，せいぜい数十人程度ではなかったかと思う．まだ「ニュービジネス」，「発展途上の新しい金融技術」の色彩が強い頃で，証券化に従事していた人はそれぞれ所属する組織の中でも異端視されていたこともあっただろう．現在では日本国内で証券化に携わっている人数は数百人では済まず，千人単位で存在することは間違いないだろう．十年一昔という表現があるが，十年に満たない期間での変化が証券化の世界にどっぷりと漬かってきた私には隔世の感がある．本書は暗中模索で試行錯誤を繰り返しながら証券化市場の発展とともに生きてきた私の経験に基づく「深い入門書」を意図して書いたものである．本書を通じて，これからの証券化市場を担う方々が私の経験のエッセンスを若干でも感じ取ってもらえればと思っている．

〈著者紹介〉
江川由紀雄（えがわ　ゆきお）
ドイツ証券会社　東京支店　証券化商品調査部長

オリジネーター，アレンジャーおよび格付けアナリストとしての豊富な実務経験に基づく視点をリサーチアナリストとして機関投資家に提供している．
日本における資産証券化の黎明期である1995年から1997年まで大手リース会社（日本リース）でリース債権の証券化に携わった後，長銀証券および日本長期信用銀行（現在の新生銀行）にてアレンジャーとして証券化商品の組成を行った．その後，1998年から2年あまりムーディーズで多様な資産を裏付けとする証券化商品の格付け分析を経験した．ドイツ証券入社前は，クレディスイスファーストボストン証券クレジット調査部にて証券化商品のリサーチを専門としていた．
2002年7月，ドイツ証券会社東京支店入社，現職．
2003年3月，2004年3月日経公社債情報第8回及び第9回人気アナリスト調査，ABSアナリスト部門1位．

実践　証券化入門
2004年2月20日　第1刷発行
2005年5月30日　第3刷発行

　　　著　　者　　江川由紀雄
　　　発行者　　清水　正俊
　　　発行所　　シグマベイスキャピタル株式会社
　　　　　　　　〒103-0022 東京都中央区日本橋室町1-7-1
　　　　　　　　　　　　　　　　　　スルガビル8F
　　　　　　　　TEL 03(5203)5505　FAX 03(5203)5502
　　　　　　　　http://www.sigmabase.co.jp/
　　　　　　　　印刷・製本　中央精版印刷株式会社

© 2004 Yukio Egawa Printed in Japan
ISBN4-916106-71-7
乱丁・落丁本はお取替えいたします．